心理学から見た社会

実証研究の可能性と課題

[監修] 安藤清志　[編著] 北村英哉
　　　　大島　尚　　　　桐生正幸
　　　　　　　　　　　　山田一成

誠信書房

はじめに

　本書『心理学から見た社会』は，これまで心理学研究に従事してきた研究者たちが，「社会」という言葉をキーワードとして共有しながら，これから研究を始めようとする人たちや，これまでの研究を次の段階に進めようとする人たちに向けて，それぞれが目下取り組んでいる研究上の問題や，これから重要になると予想される当該分野の検討課題について，平易に概観・解説することを目的として企画・刊行されるものである。

　そうした本書の第1部（PART Ⅰ）では，「人間はどのように社会的か」と問いながら，人間が心というブラックボックスを持つ意味を，社会的な視野のなかで捉え直すことを試みている。また，第2部（PART Ⅱ）では，「社会的要請にどう応えるか」と考えながら，これまでの心理学研究の成果が，どのように社会的な貢献となりうるかを問い直している。

　それぞれの章は，担当者の専門領域や研究スタイルに基づいて執筆されており，一見，互いに大きく異なるもののように見えるかもしれない。しかし，視点を変えてみると，どの章にも，心理学からの〈問いかけ〉や〈呼びかけ〉が含まれていることに気づいていただけるはずである。

　先人たちが切り拓いた新しいフィールド。先輩たちが立ち向かったそれぞれのチャレンジ。そうした困難な場所や強い意志から受け取ったものが，今度は，私たちからの学問のパスとなり，世代から世代へと受け渡されていくならば，これほど嬉しいことはない。本書を読み進みながら，どのようなアカデミアを見つけることができるのか——そうした視点から，目次を見渡していただければと思う。

　なお，本書の出版に際しては，新型コロナウイルスによる非常事態下での進行を余儀なくされたが，関係者全員の意思疎通と相互協力により，予想よりも早い刊行が実現される運びとなった。本書の出版をご快諾くださった誠信書房の中澤美穂氏，そして，編集作業を丁寧かつ迅速に進めてくださった楠本龍一氏には，厚く御礼を申し上げる次第である。

　本書によって，心理学という学問の種が，読者の方々の知的好奇心という沃野に届き，さまざまな形で芽吹いていくことを，著者一同，心から願っている。

　　　　　　　　　　　　著者を代表して　北村英哉・桐生正幸・山田一成

目　次

PART II　社会的要請にどう応えるか？

PART Ⅰ　人間はどのように社会的か？

第1章

公正と道徳

モラルサイコロジーへの展開

北村英哉

第1節　モラルの心理学

1．対人認知と道徳判断

　他者についての認識を主舞台として発展してきた社会的認知研究は，認知過程の詳細な探究，解明に大きく貢献し，研究の水準を飛躍的に上昇させた。認知プロセスを検討する流れは，脳神経過程の研究も含めて一層詳細なプロセスの認識をもたらした。その発展として，一体人は他者の「何を」認識するのかという問いを再び自らにつきつけ，そのひとつの解はよりリアルタイムな他者の考えや意図を知覚するプロセスへの着目であり，マインド・リーディング研究（Reeder, 2009；Whiten, 1991）を生み出した。もうひとつの解は，そもそも何のために他者を知覚するのかという深い問いに伴うものであった。

　折しも並行して発展してきた進化的アプローチを取り入れ，人の認知・行動の進化的適応環境における「適応」という視点がもたらされるにいたって，自らのサバイバルにとって有益な／有害なという観点，つまり自身にとっての他者の「意味するところ」という観点が成立した。これは伝統的研究と見事に合流し，他者の能力的有用性に対応して，有能性次元（作動性）の認知と，自身や社会への利得（共同性）の認知という2次元で捉える価値が再認識されるにいたった（Fiske et al., 2002, 2006）。

　共同性に関わるのは，やさしさや思いやりといった利他性に関わる特性であり，利他性の対象に自分自身がなる限り，自分にとっては利得となる。もちろん，これは協力可能性を強く示唆し，共同利益を得ることにつながるのである。一方，作動性は，課題関連の有能性であり，共同作業を行う場合には，仕事ができる者が，心強い連帯者となる。しかし，フィスクとカディ

表1-1　ステレオタイプ内容モデル

	地位低・能力低 [情動]	地位高・能力高 [情動]
温かい	障害者，主婦，高齢者 [憐憫，哀れみ，養護]	白人・中産階級 [賞賛]
冷たい	ホームレス，犯罪者 [軽蔑，排斥]	ユダヤ人，キャリア女性 [妬み，敵意]

（Fiske et al., 2002）がそのステレオタイプ内容モデルで描くように（表1-1），共同性の欠けた有能性は，他者や他集団に対する搾取や利己的な振る舞いを導き，その対象となってしまう人には有害な可能性が見えてくる。これに対する警戒反応として，上位他者への妬みや，自分勝手な振る舞いをする者（社会規範からの逸脱者）へのサンクション（懲罰）が社会的に装備されてきて，現代においてもネット炎上の一部はこうしたメカニズムから説明可能である。

　つまり，自身のサバイバルという観点から，他者の性質というものを捉えれば，利己的でない共同的な働きを誠実に行う者であるかどうかの見極め，人物としての信頼性，すなわちその「モラル」こそがわたしたちの最も気に懸かるテーマなのだと気づかされるのである。あえて強く言えば，「対人認知とは他者のモラル判定である」とも表現できよう。

　こうした関心はそもそも「人間とは何か」という問いとつながっていく方向性のある問題意識であり，わたしたち自身それぞれにとって，そもそも「人間に足る」「人たり得る」とはどういうことであるかという問いに結実させることが可能である。これに答えたひとつの研究グループが，ハズラムたちであった（Bastian et al., 2011 ; Haslam, 2006）。

　「人間とは何か」という問いに答える準備として，彼らは「人間ではないもの」との比較というアプローチを用意し，ひとつは，「機械」，もうひとつは「人間以外の動物」という対照基準であった。それらのイメージを図1-1に示す。

　機械でない人間には，温かみ，情があり，いわゆる「心あるもの」としてのあり方だろう。「心ある」とは痛みや悲しみを経験することができる経験

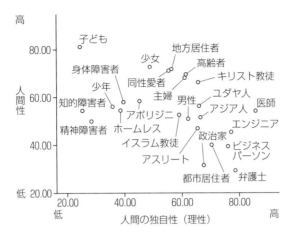

図1-1 Bastianたちによる人間性，独自性の二次元

性（Gray et al., 2007）と表現することもでき，これをハズラムらは被害者になりうる立場と捉えた。モラル違反事態では，まさに加害者と被害者が存在するケースがあるが，被害者側の特性につながるのが「心あるもの」としてのHuman Nature（HN）なのである。

　しかし，痛みを感じることや，虐待を回避したいのは動物も同じである。動物保護のことを考えれば明らかである。彼らは経験性をもつ。経験性が高い者には，赤ちゃん，子どもが挙げられるが，動物も類似の性質を有する。一方，そうすると，動物でないものとしての人間の独自性（Human Uniqueness）とは何か。それは理性的な思考能力をもつことである。したがって彼らは行為の責任を有するし，適切な振る舞いをすることには自己制御能力も必要である。これはAgency（主体性）とも表現できる（Gray et al., 2007）。

　こうした他者認知の観点から，人や心の存在を考える試みとしては，少し観点が異なるが同様に参考にできる研究としてマインド・サーベイによって，「経験性」と「主体性」の二次元を見出したグレイらの議論がある（Gray et al., 2007）。

2. 理性

　近代とは合理主義的な理性の時代であった。元来西洋世界は理性を重視する傾向があり，古代ギリシャ哲学においてもプラトンは，理性を重視した議

論を行っている（Plato, 1997）。さらにその後，それはキリスト教において
は神は自身の似姿として人類を創造し，そこに（不完全な）理性を植え付け
たという考えによって強められてきた。人間の理性は神を完全に認識するほ
どには完全ではないが，神が与えたツールは十分信頼に足るものであるか
ら，この中世的な神への信頼は近代化以降においては神から与えられた理性
の見出す技である科学技術への信頼へととってかわってきた。中世，近世か
ら近代への移り変わりは必ずしも真っ直ぐな単純なものではないが，その葛
藤の中で，伝統的キリスト教と科学との対立も現れ，進化論をめぐっては現
在でも議論のあるところである。

　しかし，中世的感性であれ，近代以降であれ，西洋的世界において常識で
あるのは，生まれながらにして人間は決して完成形ではなく不完全な存在で
ある。キリスト教的に言えば原罪を背負っている。罪深い人間は放っておけ
ばろくでもないものとなり，神への信仰を通して原罪を逃れる。そこには魂
の成長が必要であり，近代以降の進歩史観とも相俟って，人の発達・成長と
いう局面を重視するにいたり，人間の独自な特徴である理性の獲得に一層焦
点があてられるようになった。

　理性ある者が人間であるという定義は，定義上，動物と共に子どもは「ま
だ人間ではない」ということになり，親は子どもを理性ある青年へと成長さ
せることが教育上の義務と考えられるようになった（Kant, 1803）。しかし
ながら日本社会にはこのような大人の定義はない。したがって図1-1 に示さ
れた横軸である理性（HU）の軸の重要性は，西洋世界では当然で自明のこ
とであるが，日本社会では理解しがたいものである。理性的な判断力がない
者は，大人ではないということになれば，情に流されるような判断は忌避さ
れることになるわけだが，日本ではむしろ好まれている。理性が欠けるから
といって免職になる政治家もいない。「理性」の重要性は社会によって異な
るのである。そして西洋世界においてはこの理性の最も偉大な成果がモラル
なのであった。元来モラルは高度な理性（Raison）であると信じられてきた
歴史がある（Kohlberg, 1969 ; Piaget, 1932）。

3.　モラル
　理性の軸，主体性の軸は加害性に関与する。「正常な判断能力に欠ける」

とされれば法的責任も免除される。少年が免責されるのも十分な理性的判断能力が成熟していないからである。したがって理性と判断能力があるにもかかわらず，法に反する行いをすれば，その責任は問われ，他行為可能性に思い至らず，自己制御できなかった者はその責を償わなければならない。近代刑法はきわめて西洋的価値観，倫理を背景に成立しているものである。したがって，刑法で定められた罪は人々の直感的な「腹が立つ」事態とはずれ，隔たりがある。これもいわゆるネット炎上のひとつの原因である。しかし，直感的な「腹が立つ」は間違っているのだろうか？　この直感は何なのだろうか？　この問いに答えようとしたのがジョナサン・ハイト（Jonathan Haidt）であった。

第2節　道徳基盤理論

　前節で述べたように伝統的な西洋世界では，理性の結実として人々の道徳性（モラリティ）はあって，道徳判断は高度な理性的判断，少なくとも高次思考過程からの出力であるはずだった。しかし，ハイト（Haidt, 2001）は「そうではない，道徳判断は感情の主人に振り回されて，付き従う尻尾に過ぎないのだ」と断じた。道徳判断を構成する基盤となるのは直感的な感情判断であることを彼は主張した。彼の先行研究にシュウィーダーたち（Schweder et al., 1987）の研究がある。シュウィーダーたちは当初から道徳判断に文化差があることを重視し，また巷間の人々の実際的な判断に着目し，アジアと欧米における道徳観の違いを直視しようとした。たとえばインドなどのアジア世界では，忠誠，権威などがより重んじられていることを見出した。

　ハイトたち（Haidt et al., 1993）は，より体系的な調査を試み，人を傷つけるわけではないが道徳違反と考えうるシナリオを用意して，ブラジルとアメリカで構成的なインタビューを中流と低階層の回答者に試み，低階層では中流の人たちが単に慣習や因習と考える問題について道徳違反であると強く考える傾向を見出した。たとえば，父権的な振る舞いを否定することは中流では道徳違反にあたらないが，低階層のある集団の中ではそれは道徳違反とされた。そして，実験者は道徳違反であるとの判断について論理的な反駁を試み（人を傷つけているわけではないと），それに対して人がいかに再反論

表 1-2　道徳基盤理論（MFT）の 6 種類の道徳基盤 (Haidt, 2013 ; 北村, 2016 より)

道徳基盤	ケア/危害	公正/欺瞞	忠誠/裏切り	権威/秩序破壊	神聖/汚染
適応課題	子どもを保護してケアする	相互的協力関係の利益を得る	凝集性の高い連合形成	階層集団の中で有益な関係を作り出す	伝染病を避ける
根源的トリガー	子どもによって表出された苦痛, 苦悩, 困窮	欺瞞, 協力欺し	集団への脅威, 挑戦	高階層, 低階層の徴し	廃棄物, 病人
現在のトリガー	あざらしの赤ちゃん かわいいマンガキャラクター	婚姻関係の貞節故障した自販機	スポーツチーム国家	上司尊重される専門職業人	移民同性愛
特徴的な情動	被害者への同情加害者に対する怒り	怒り, 感謝, 罪悪感	集団的誇り裏切り者への憤怒	尊敬, 恐怖	嫌悪
関連する徳	思いやり, 親切	公正, 正義, 信頼性	忠誠, 愛国心, 自己犠牲	従順, 敬意	節制, 純潔, 敬虔, 清潔

や言い訳をするのかを記述した。

　ここから見出されたのは,「結論先にありき」という人々の判断の実態であり, 理性的な指摘では覆らない道徳判断の性質を見る限り, 内から沸き起こる何かがすでにそれは「よくない」という判断を下してしまっていることである。こうした研究から, ハイト (Haidt, 2013) は, まず 5 つの道徳基盤を措定した (表 1-2)。

　さらに, これらの道徳基盤は政治志向と関連することを見出し, アメリカ社会においては, 民主党支持者はもっぱら「ケア」と「公正」を重視するが, 共和党を支持する保守的な人々は, 広く 5 つの基盤を重視していることを確認した (Haidt, 2012)。

第 3 節　公正とは何か

　リベラルな人々がより重視する公正とは何だろうか。当初ハイト (2013)

はその「平等」という要素を重視し，恵まれている者たちがいる一方，社会の中で不遇な目に遭っている人々のことを考えないと不公正（unfair）であると考えた。利益の分配が偏りすぎることや，生まれながらにして社会的に不利な状況に置かれている事態は，改善していくべき事柄であるとどれくらい強く思うかによってリベラルと保守が分けられる。ちなみに，これらは自己責任であって社会的に再配分などによって改善する必要がないとする考え方が社会的支配志向性（SDO）と呼ばれる傾向性であり，現在，社会心理学，政治心理学などにおいて盛んに研究が進められている（Sidanius & Pratto, 1999）。

　端的にいって，社会的支配志向性の高い者は保守主義者であり，現状肯定，現状維持派であり，社会的支配志向性の低い者が，福祉志向，再分配志向，社会改善志向のリベラル派である。現在こうした政治的な志向性についても，環境要因だけでなく，その遺伝規定性や知能との関連などについても積極的な探索が行われている（Hufer et al., 2020；Kim & Berry, 2015；Leeson et al., 2012）。

　怒り感情は進化的には，不正に対する適応反応であり，自分の飼っている羊を盗られたりしたら，怒りによって報復することが適応的行動である。まったく怒らないハト派はタカ派にどんどん搾取されていく（結局バランスが重要であるがここでは触れない）。

　共同体のルールを守らないで，フリーライダーとして利己的に利得をあげる者を戒め，「ずるいこと」をする者を嫌うことも本能であるとハイトは指摘する。しかし，元はそうであっても複雑な現実社会の中にあって何が「不当な利得」となるかはしばしば容易に判断できるものではなく，「女性専用車両は逆差別でずるい」という論が現れるのは，「ずるさ」の認識にも知識的，知性的な水準があることがあらわとなる例であり，間違った判断の暴走は，流言となるような「在日特権」という妄想へと暴走するのである(注1)。

　かくのごとく，「公正」あるいは「正義」というものは一様なものとして社会的に共有されているのではない点が着目に値する研究テーマなのである。なお，伝統的な社会心理学研究で公正といえば，「分配的公正」と「手続き的公正」の研究があり，分配的公正の研究では厳密に「公正分配」と「平等分配」は区別されている。平等分配とは，皆が一律に同じ成果を得る

ことであり，公正分配は，貢献に応じて分配される方法で，「さぼった者には与えない」ということを含んでいる。保守派は貧困者を「さぼっている人」と捉えがちで，その認識によって貧困の自己責任という論を正当化している。しかし，こうした悪い側面を取り除けば，「貢献した分だけ分配する」のは公正（Fair）な印象があるのは間違いないだろう。したがってアメリカなどの社会では典型的に最高に望ましいのは，「スタート時点で平等であり，誰にでも同等のチャンスがあり，自由に振る舞った結果，努力して成功した者にはその貢献に見合った成果が与えられる」というヘッドスタート計画の理念ともなった考え方であり，同時に「アメリカンドリーム」もそこに用意されたものとして包含しているのである。

　グラハムたち（Graham et al., 2009）の尺度を用いて実証的に日本で道徳基盤を調べると，必ずしも容易に「ケア」基盤と「公正」基盤が区別されているわけではない様相がうかがえる。新たな項目を用いて検討した北村の結果を表1-3に示す。道徳的判断を示す項目はその賛否や重要度を尋ねると，いずれも重要であると判断される傾向がしばしば見られる。そこで新たに構成した尺度項目では，2つの道徳基盤を対立的に形容し，一方が他方を凌駕することを是認するか，あるいは自己の利得と対立するところの他者への道徳的価値が自己利益を凌駕するかという形式の項目を含ませることにした。これによって回答者の重要とする道徳的志向性がより明確になると考えた。ただ，結果にも表れているが，「恵まれない状況にある者を支援する」という社会福祉的構想は元来，貧困者支援や障害者支援，子ども支援，高齢者支援といった社会的に不利である層へのケアからスタートしていることから，「ケア」基盤と「公正」基盤が入り交じる要素を有している。基本的人権という考え方から，どんな立場の者にも最低限文化的生活を国家が保障するという原則は公正の実現であると見られるが，これについて道徳基盤は重要な視点を提供している。すなわち，保障を「ケア」基盤から考えると「かわいそうだから助けてあげよう」という感情や気持ちに駆動された支援となってしまい，そうすると「殊勝にしていないからかわいそうではない」という支援者の側の主観から見た，「支援に足る人たち」という対象の選別や，「支援対象としてのふさわしい」行動を強要することにもなり，人権を侵害する。誰もが「支援を受け取る正当な権利がある」という公正の基盤に基づかない

と，不運・不遇な目に遭った者たちが，物乞いのように支援者におこぼれを欲するような違和感のある構図が発生し，「支援されるだけで感謝しろ，中身をとやかく言うなんてとんでもない」という世論も一部に発生しかねない（ふさわしい被災者としての演技の問題）。

　どういう権利で支援が実施されているのか関係者や国民がきちんと合意しないで行い続けることの危うさがあるのである。表1-3を見ても「人道的なやさしさ」という観点で項目がまとまっているように見え，伝統的忠誠に関わる家族主義も紛れ込み，「みんなで助け合おう」という安易なお題目によ

表1-3　新道徳基盤項目の因子負荷量

	I	II	III
7　明らかに間違った決定であっても集団で決めたことは絶対に守らないといけないものだ	**0.607**	0.098	0.045
14　たとえ悪い事をしていても恩のあった人や自分の目上の人のすることは黙認した方がよい	**0.559**	0.080	−0.093
9　目上の人の言うことを聴くことは目下の人の忠告を聞くよりも大切なことだ	**0.476**	0.020	0.199
13　自分たちの集団の利益になるのであれば，自分たちと異なる集団を攻撃するのはやむを得ない	**0.403**	−0.139	0.040
2　恵まれない人がいたら自分の立場を譲ったり，自分が損をしてもその人を助けてあげたい	0.056	**0.674**	0.030
3　たとえ表面上法に反することがあったとしても仲間内をかばったり助けたりすることは必要だ	0.158	**0.527**	−0.176
4　弱い人，障害のある人々には十分な配慮が必要で，そのために税金や授業料があがってもやむを得ない	−0.134	**0.420**	0.024
5　気持ちよく暮らせるためには，自分が幸せだけでなく，人が不幸でないかどうかが重要だ	−0.025	**0.394**	0.197
15　人々が守っているルールをひとりだけ破って勝手なことをする人は非常に許しがたいし，自分では絶対にそのようなことはしない	0.205	−0.207	**0.638**
16　誰かが理不尽にさまざまな機会が奪われている状況はとてもよくないと思う	−0.223	0.158	**0.511**
6　公的援助があったとしてもまずは家族内で助け合うことが大切なことだ	0.106	0.138	**0.455**

因子抽出法：主因子法
因子は，I：忠誠・権威，II：やさしさ・配慮，III：正義・正しさ　となる。

って本当に権利保障がなされうるのか熟考していく必要があるだろうと思われる（注2）。

　平等の別の局面では，いわれなく虐げられるという不平等があり，あるカテゴリーに属する人々は決して特定の職種や地位には就けずに排除されるなどがそれである。あるいは植民地のようになって権利が奪われる状態は「平等ではない」。ハイトはこの側面を独立させて，第6の道徳基盤として，「自由 vs. 抑圧」を配した。抑圧からの自由という局面では，自由と平等は手を携えられる。これについては再び第6節で触れる。

第4節　忠誠・権威とは何か

　忠誠というと古いモラルに聞こえるかもしれないが，社会心理学では著名な内集団ひいきの原理があてはまる基盤である。北村たち（2016）では，親戚（いとこ）の不正な要請に従うかどうかをシナリオ呈示によって道徳判断を求めた。68名の実験参加者に画像の瞬間呈示によって，公正あるいは忠誠のいずれかを活性化させる条件を用意し，道徳判断をしてもらい，道徳基盤尺度であるMFQの測定も行った。すると，公正活性化条件の方が，忠誠活性化条件よりも，要請を断る傾向が高く，一方，忠誠基盤を重視する者においては，ネガティブな画像呈示によって拒絶を怖れるのか，不正な依頼に応じてしまう傾向が高く見られた。

　「仲間を大切にする」というのは，小学校の道徳でも扱われる基本的なモラルに見えるが，では「仲間以外は大切にしなくてよいのか」という，この命題から必然的に生まれる，ある種の差別の正当化に転じる危険性をはらんでいる。常に周囲の集団と争い，戦い生き抜いている状況ではそのとおりなのかもしれないが，協調的なグローバル経済活動も求められる現代社会にあって，むやみに集団間で争うのは損失ともなり，人が生きていくうえで基本となる平和状態を共有する価値は高いと考えられる。

　こうしたとき，公正基盤と忠誠基盤がぶつかり合うようなモラル・ジレンマ状況は今後さらに研究に値するテーマであろう。仲間の不正を黙認し，隠蔽するか，社会において基本的で重要なルールを遵守するために，匿名告発などを奨励するか，今まさに日本社会もその転機にあたって，さまざまな事

態が起こっているように見える。

　封建時代の「御恩-奉公」の主従関係では，主の命令に従う忠誠が重要であったろうが，主が不正を犯し，より普遍的な「法」という世界で判断を下すことが求められる法治国家であれば，不正の摘発の方が優先度が高く，その遵守者を奨励，報奨しなければならない。法治国家では法に対して忠実でなければならないからだ。もちろん「悪法」に対して異議申し立てをする場合もあり，法に許容された範囲で，抗議活動や法改正の手続きをすることがある。要はルールというのは社会での合意であり，それが民主主義ということになる。

　したがって，この「忠誠」と「権威」は主に中世的価値観であり，現代での優先度は低くなっている。権威によって何ものも正当化されず，社会的に適正な手続きを経た資格，契約や法に基づく職務による命令や指示が存在するだけであって，個人の生まれや資質に基づいた権威に社会的な正当性はなくなっている。それは慣習的な価値観や感性というものであり，人間は皆平等であると考えれば，人に権威があるのではなく，職務や役割，立場に業務的に権威が付与されているだけであるという点において間違わないようにしなければならない。しかし，近代国家においては，この原則が守られていなければならないはずであるが，データで見る限りその原理はまったく貫徹されていないことがわかる（注3）。また，現実の生活の中で，忠誠と権威という2つの基盤をわたしたちが十分峻別しているかどうかは難しい点であり，検討を要するが，道徳基盤の考え方はこうした現実社会で混乱している状態を査定し，理解する有用な視点を提供していると評価できるだろう。

第5節　清浄性とは何か

　不純異性交遊などということばがある。また自治体の多くが定める「青少年保護育成条例」の中に「淫行条例」などもあり，性的関係には適切な条件があるのだと，多かれ少なかれ誰しもがイメージしているということが，こうした条例の成立背景をなしているのであろう。ハイトたちの調査においても，さまざまな文化において，近親相姦を不道徳なことであると人々が直感的に認識していることが描かれている（Haidt, 2012）。まさに，こうした直

感が先に立ち，理性的な思考によって禁止事項が決まっているのでないということがハイトが強調していた点であった。北村と松尾（2019）は，清浄志向／穢れ忌避傾向尺度を構成したが，そこで考慮したのは，清浄さに関与することが文献的に確認された①宗教との関連，②死との関連，③自然崇拝，④からだ，⑤性的な事象，⑥清潔・不潔，感染の嫌悪，であった。そしてこの尺度は4つの下位尺度をもつが，性的な問題は第3因子である「身体清浄」によって示されているものである。清浄さを志向する傾向は，ハイトのいう神聖さ（sanctity）と関係し，洋の東西でどのような状態を神聖と感じるかはいくらかの違いがあるものの神的に神々しいと思われる，なにかしらの尊さをあがめる気持ちは共通しているのだろう。日本においては，とりわけ山や屋久杉のような自然に対する尊崇の念と密接な関わりがある。ある種の水によって浄められると考えるのも世界で広く見られるものであり，聖水や水を利用した洗礼，みそぎなどがある。

　穢れと関わりのある感情として嫌悪感があり，その由来として行動免疫説がある（Murray & Schaller, 2016）。病気を避けるために感染に関わりそうな刺激対象を反射的に避けるような傾向がヒトの進化過程のなかで（あるいはホモ族以前のさらに古くから）獲得されていて，腐敗したものや血を流しているものに対する忌避感や怖れなどは直感的な感情として引き起こされ，生物的な免疫システムを補完し，サバイバルに役立ってきたという見方である。

　もちろんより清潔な現代においては，この感覚はしばしば暴走気味に働くこともあり，放射能汚染地域からの転校生差別（Shigemura et al., 2014；樋口，2018）や最近では新型コロナウイルスにまつわるヨーロッパで生じたアジア系の人々に対する差別などが挙げられよう。「からだをきれいに保つこと」は道徳的な振る舞いのひとつであると，学校教育でも例示されており，また「からだの清潔さ」が「こころの清浄さ，清さ」につながると考えられているのであろう。留意したいのはこうした考え方があらためて指摘されると，肯定できない感覚を反応としてもつ方もいるだろうけれども，普段これらのことがあまり意識されていないで，自分の反応を導く仕組みとして働いている事実である。からだとこころのこうした関係，思い込みは「潜在宗教心」とでも言うべきものである。この素朴な思い込みには，科学的な根

拠はあまりない (注 4)。

　このように清浄・神聖基盤は現代社会においては時に根拠の欠けた信念に基づく信心などと関わった「きれいさ」を欲し,「汚染」を忌避する道徳基盤である。穢れには血や接触・触れあいなどが関係するため, ある種の性的禁忌を招く。過去の性的禁忌の中には同性愛忌避なども含まれたため, SOGI (sexual orientation and gender identity) 問題の理解・無理解あるいはある種の差別につながることもあり, 清浄道徳の暴走はこうした差別や民族差別, 移民差別などにもつながるので注意を要する (Zhang, 2018)。

第 6 節　自由とは何か

　公正と平等は異なる。公正はインプットとアウトプットが釣り合うということで, 過剰に得をしている人, 貢献をせずに成果を得ているように見える人がいるときにフリーライダーとみなし批判する。しかし, 人権という観点から考えるとそのように簡単なものではなく, ある種の支援を行うことが全体の福祉にも役立つという仕組みは多くあり, 全員の暮らしやすさに対しても特定の支援を手厚くするということは有効であり, 必要となる。

　そうしたときには, 一見「平等な対応」が崩れているようにも見える。しかし, 元来の「平等」とは何について平等を目指すかで議論が可能であり, ひとつの考えとして, 社会成員全員に不当な障壁がなく機会が平等に開かれ, 自由に進む方向が選択できることについての平等性という視点がある。生まれながら貧困で教育機会が恵まれないという状態がないように手当をするなどである。自由に生きることの基盤として機会の平等を念頭に置くことは重要であるが, 元来の自由は不当な抑圧によって個人が自由に振る舞い, 選択することを妨げられる事態において先鋭に意識された概念である。これをバーリンに基づき「消極的自由：〜からの自由 (freedom from)」と呼ぶ (Berlin, 1969)。これは「積極的自由：〜への自由 (freedom to)」との対置であるが, まず人権を確保するためには, 何者にも不当に支配されないことが大事である。イギリスの支配から逃れたアメリカを始め, 抑圧からの民主化革命などを経験した地域ではこの自由の確保の重要性は自明な価値である。

　これをさまざまな不自由に直面しているマイノリティの状態に遷移させれ
ば容易にその不当さが想像でき，階段によって進路が阻まれる車いすの障害
者や部屋を借りにくい外国人，共同権利を認められにくい同性愛カップルな
ど，同等の自由を手にすることが権利となるという認識は現代の民主的な社
会づくりのなかで進んできたことであるが，十分な実現にはまだ道半ばとい
う感は強い。ハイトは6番目に自由 vs. 抑圧を置くことで，アメリカらしい
自由尊重の倫理・道徳を取り上げたのだ。

第7節　社会とモラル

　人々のモラル心を高めて，モラルのある行動をとらせようという簡単なこ
とにはならない。人の行動はときどきに変化し，状況に左右される。モラル
ライセンシングの研究では（Zhong et al., 2009），モラルに則った行動をし
たと自認すると人は，その後，「じゃあこれくらいは」とモラルから逸脱し
た行動の閾値を低めてしまうということが指摘されている。一日中，モラル
性の高い行動を持続することは難しいのである。したがって，社会の中で影
響の大きいことの軽重をつけ，たとえば日本ではモラル以前に本来，法律に
あるとおり，あるいは憲法の理念どおりになっていない部分も多々あるわけ
だから，それをまず実質性のあるものにしていくことも先決であるし，他者
への被害，社会への被害，マイノリティへの被害が甚（はなは）だしいものを挙げてい
って，モラルに頼らずに制度化していくことも一案である。法制化には罰則
を伴うようにしないと実効性に欠ける（差別禁止など）。
　そのうえで，より優先度の低い日常的行為については，その状況に見合っ
た環境上の工夫（貼り紙やステッカーなどもそうである）で，状況からモラ
ル行動が引き起こされるように設計していくことが有効な手立てであろう。
　教育によって，一人ひとりの人柄をモラル的にするのは困難であるし，抵
抗も大きいだろう。道徳教育ではひとつのモラルを教え込むのではなく，本
稿にあるような多元的モラルを知ったうえで議論を深めること，気づきを増
やすことの方が重要であり，モラルについて主体的に考えるというスタンス
を築くことの方が教育的には重要だと考えられる（松尾，2016）。
　人は群れによって生きる戦略をとっている生物である。言語と文化をもつ

この今の社会の中にあって，共に生きるには，法，ルール，公共心といった
ものが必須となる。他者とどう共生していくかは人間にとって永遠のテーマ
であり，社会心理学の視座から見たモラル研究というのは，発達心理学，比
較心理学とは少し異なり，こういった社会のサステナビリティを念頭におき
ながら，モラルをめぐる成人の行動について，一層理解を深めていかなけれ
ばならない。社会的認知方面の多くの研究エネルギーが今や，モラル研究に
向かっているのはモラル行動をめぐる問題が，社会と対人関係において本質
的に重要であるとの気づきによって生じてきている現象であろう。人の好悪
や行動の動機の理解，加害や被害の理解などにもモラル的理解が欠かせな
い。今後さらに活発に研究が展開していくであろう。

■注

注1　実際にネットにおける頻度としての実態は，高（2015）参照。

注2　神聖さの基盤は後に述べる別の尺度を活用している。ただ，他の基盤とのコ
ンフリクトについてニコルズ（Nichols, 2002）は，嫌悪的反応がもたらす道
徳的行為について権威基盤にあたる要因を凌駕しうることなど，その強さを
示している。

注3　表1-3にもある2019年1月に筆者らが得た411名の大学生データでは，1-7
の7点尺度で，「たとえ表面上法に反することがあったとしても仲間内をか
ばったり助けたりすることは必要だ」に対して，平均4.33，SD＝1.63，「た
とえ悪い事をしていても恩のあった人や自分の目上の人のすることは黙認し
た方がよい」では，平均3.01，S＝1.42で，ある程度の人口が賛同の方向に
存在して，このような平均値になっていることがうかがえる。

注4　毎日風呂に入る清潔な詐欺師や犯罪者がいたりするのは当然である。

■引用文献

Bastian, B., Laham, S. M., Wilson, S., Haslam, N., & Koval, P.（2011）. Blaming, praising,
and protecting our humanity: The implications of everyday dehumanization for judg-
ments of moral status. *British Journal of Social Psychology*, **50**, 469-483.

Berlin, I.（1969）. Four essays on liberty.（小川晃一・小池銈・福田歓一・生松敬三（訳）
（1997）．自由論　みすず書房）

Fiske, S. T., Cuddy, A., & Glick, P.（2006）. Universal dimensions of social cognition:

Warmth and competence. *Trends in Cognitive Sciences*, **11**, 77-83.

Fiske, S. T., Cuddy, A. J. C., Glick, P., & Xu, J.（2002）. A model of（often mixed）stereotype content: Competence and warmth respectively follow from perceived status and competition. *Journal of Personality and Social Psychology*, **82**, 878-902.

Graham, J., Haidt, J., & Nosek, B. A.（2009）. Liberals and conservatives rely on different sets of moral foundation. *Journal of Personality and Social Psychology*, **96**, 1029-1046.

Gray, H. M., Gray, K., & Wegner, D. M.（2007）. Dimensions of mind perception. *Science*, **315**, 619.

Haidt, J.（2001）. The emotional dog and its rational tail: A social intuitionist approach to moral judgment. *Psychological Review*, **108**, 814-834.

Haidt, J.（2012）. *The righteous mind*. New York: Pantheon Books.（高橋洋（訳）（2014）. 社会はなぜ左と右にわかれるのか　紀伊國屋書店）

Haidt, J.（2013）. Moral foundations theory: On the pragmatic validity of moral pluralism. In P. Devine & A. Plant（Eds.）, *Advances in experimental social psychology*, Vol. 47. San Diego: Academic Press. pp. 55-130.

Haidt, J., Koller, S., & Dias, M.（1993）. Affect, culture, and morality, or is it wrong to eat your dog? *Journal of Personality and Social Psychology*, **65**, 613-628.

Haslam, N.（2006）. Dehumanization: An integrative review. *Personality and Social Psychology Review*, **10**, 252-264.

樋口収（2018）. リスク・原発　北村英哉・唐沢穣（編）. 偏見や差別はなぜ起こる？：心理メカニズムの解明と現象の分析　ちとせプレス　pp. 187-202.

Hufer, A., Kornadt, A. E., Kandler, C., & Riemann, R.（2020）. Genetic and environmental variation in political orientation in adolescence and early adulthood: A nuclear twin family analysis. *Journal of Personality and Social Psychology*, **118**, 762-776.

Kant, I.（1803）. Über Pädagogik（加藤泰史（訳）（2001）. 教育学 カント全集 17　岩波書店）

Kim, A., & Berry, C. M.（2015）. Individual differences in social dominance orientation predict support for the use of cognitive ability. *Journal of Personality*, **83**, 14-25.

北村英哉・松尾朗子（2019）. 清浄志向/穢れ忌避傾向（POPA）尺度の作成と信頼性・妥当性の検討　日本感情心理学会第 27 回大会発表論文集

北村英哉・髙田菜美・氏原令賀（2016）. 道徳基盤のプライミングが道徳葛藤課題への反応に及ぼす影響：内集団への便宜供与を止める　日本社会心理学会第 57 回大会発表論文集，61.

Kohlberg, L.（1969）. Stage and sequence: The cognitive developmental approach to socialization. In D. A. Goslin（Ed.）, *Handbook of socialization: Theory and research*. Chicago: Rand McNally.（永野重史（監訳）（1987）. 道徳性の形成　新曜社）

Leeson, P., Heaven, P. C. L., & Ciarrochi, J.（2012）. Revisiting the link between low verbal intelligence and ideology. *Intelligence*, **40**, 213-216.

松尾直博（2016）. 道徳性と道徳教育に関する心理学的研究の展望：新しい時代の道徳教育に向けて　教育心理学年報, **55**, 165-182.

Murray, D. R., & Schaller, M.（2016）. The behavioral immune system: Implications for social cognition, social interaction, and social influence. In J. M. Olson & M. P. Zanna

(Eds.), *Advances in experimental social psychology*, Vol. 53. San Diego, CA: Elsevier Academic Press. pp. 75-129.

Nichols, S.（2002）. Norms with Feeling: Towards a psychological account of moral Judgment, *Cognition*, **84**, 221-236.

Piaget, J.（1932）. *Le jugement moral chez l'enfant.*（大伴茂（訳）（1957）．児童道徳判断の発達　臨床児童心理学第 3　同文書院）

Plato,（1997）. Timaeus. In J. M. Cooper（Ed.）, *Plato: Complete Works*. Paterson: Littlefield, Adams and Co.（種山恭子（訳）（1975）．ティマイオス　種山恭子・田之頭安彦（訳）プラトン全集 12　テイマイオス・クリティアス　岩波書店）

Reeder, G. D.（2009）. Mindreading: Judgments about intentionality and motives in dispositional inference. *Psychological Inquiry*, **20**, 1-18.

Shigemura, J., Tanigawa, T., Nishi, D., Matsuoka, Y., Nomura, S., & Yoshino, A.（2014）. Associations between disaster exposures, peritraumatic distress, and posttraumatic stress responses in Fukushima nuclear plant workers following the 2011 nuclear accident: The Fukushima NEWS project study. *PLoS One*, **9**, e87516.

Shweder, R. A., Mahapatra, M., & Miller, J.（1987）. Culture and moral development. In J. Kagan & S. Lamb（Eds.）, *The emergence of morality in young children*. Chicago, Il: University of Chicago Press. pp. 1-83.

Sidanius, J., & Pratto, F.（1999）. Social dominance: An intergroup theory of social hierarchy and oppression. Cambridge, UK: Cambridge University Press.

高史明（2015）．レイシズムを解剖する：在日コリアンへの偏見とインターネット　勁草書房

Whiten, A.（Ed.）（1991）. *Natural theories of mind: Evolution, development and simulation of everyday mindreading*. Basil Blackwell.

Zhang, J.（2018）. Contemporary parasite stress curvilinearly correlates with outgroup trust: Cross-country evidence from 2005 to 2014. *Evolution and Human Behavior*, **39**, 556-565.

Zhong, C. B., Liljenguist, K., & Cain, D. M.（2009）. Moral self-regulation: Licensing and compensation. In D. De Cremer（Ed.）, *Psychological perspectives on ethical behavior and decision making*. Charlotte, NC: Information Age. pp. 75-89.

第2章 影響力保持者の認知パターン

影響力の概念と理論

今井芳昭

　本章では，社会心理学において影響力（social power）がどのように研究されてきたのかに焦点を当てる。影響力の定義や影響力の基盤の分類を始め，影響力に関する研究の流れを概観し，その後，近年，注目されている影響力保持者の認知パターンに目を向ける。

第1節　影響力とその基盤

1. 影響力とは

　「物理学においてエネルギーが基本的な概念であるように，社会科学における基本的概念が影響力であること」（p. 10）を明らかにしようとしたのは，イギリスの哲学者，数学者，歴史家のバートランド・ラッセル（Russell, 1938）である。彼は *Power* というタイトルの書籍において，影響力の形態として富，武器，権威，意見への影響（宣伝）を挙げ，影響力を「意図される効果をもたらすもの」（p. 35）と定義した。その後，カートライト（Cartwright, 1959）は，社会心理学において無視されている変数として影響力を取り上げ，*Studies in social power* という論文集を編集した。彼は，それまで主に政治学で扱われてきた国家的規模の大きな影響力と共に，個人間の小規模な影響力にもアプローチすることの重要性を指摘した。近年では，ギノートとヴェスィオ（Guinote & Vescio, 2010）が *The social psychology of power* というハンドブックを刊行している。研究者によって重視する点が多少異なっているが，影響力とは「与え手（働きかける側，the influencing agent）がその対象である受け手（the target）の態度や行動などに対して，与え手が望むように変化をもたらすことのできる能力」と捉えることができる。その場合の受け手の変化とは，与え手からの働きかけ（influencing attempt）がなければ生じなかったであろう，与え手の望むような変化である。

　"Power" の訳語については，権力，勢力，権限，影響力が考えられ，また，パワーとカタカナ書きされる場合もある。元々は政治学で扱われてきた概念であるため，権力という訳語が一般的かもしれない。国語辞典的には，権力は「他人をおさえつけ支配する力。支配者が被支配者に加える強制力」（広辞苑　第 7 版）というように，比較的範囲の広い影響を及ぼせる強制力として捉えられている。勢力の場合も辞書的には「他を服従させるいきおいとちから」（広辞苑）と説明され，受け手を従わせる力という意味合いが強い。また，政党勢力，現有勢力という表現に見られるように，「活用できる人員」（明鏡国語辞典第二版）を意味する場合もある。前述のカートライト（1959）の翻訳（千輪浩〈監訳〉）では，この「勢力」という訳語が用いられ，その後，日本の社会心理学界では勢力という言葉が用いられてきた。権限という場合は，公的な職務に基づいた権利，およびその範囲ということである。後述するように，本書で扱う対人的影響の場合も受け手に対して強制的な影響を与える場合を含んでいるが，それだけではなく，受け手の方が自ら与え手の影響を受け入れるように行動する場合も含まれている。パワーというカタカナ書きも選択肢のひとつであるが（たとえば，淵上，2008），その音の表記から意味をすぐに読み取ることはむずかしいであろう。これらの点を踏まえ，また，上記の定義に合致するように，本書では，これ以降，"power" を「他者に影響を与えることのできる能力」という意味で「影響力」と表記していくことにする。

2.　影響力の基盤と種類

　影響力を構成している基盤（bases of power）を 5 種類挙げたのが，フレンチとレイヴン（French & Raven, 1959 ＝ 1962），であり，その後，レイヴン（Raven, 1965, 1974）は 1 種類を追加した。すなわち，報酬影響力（reward power），強制影響力（coercive power），正当影響力（legitimate power），参照影響力（referent power），専門影響力（expert power），そして，情報影響力（informational power）である（今井，2010，2020 参照）。彼らは，影響力を行使する行為主体（与え手）の行動に対する受け手の反応を規定しているものは何かという視点に基づいてこの分類を行っている。そこには，

必ずしも与え手の意図的な働きかけだけではなく，受け手が認知した与え手の影響力に基づく受け手の反応も含まれている。

　各影響力の定義については，上記書籍で紹介されているのでそれらに譲るが，レイヴン（1992, 2008）は，その後，6種類の影響力をさらに大きい枠組みで捉え直している。まず，影響力を「社会的に独立した影響」と「依存的影響」に分けている。前者には情報影響力が含まれ，与え手が説得的な論拠を提示すれば，その後，受け手は与え手に依存することなく，与え手が提示した態度をもったり行動を取ったりするようになると考えられている。後者には，残り5つの影響力が含まれ，さらに，報酬影響力と強制（罰）影響力は，監視を必要とするものとして位置づけられている。与え手は，受け手が与え手の望むように行動したかどうかを監視し，その結果に基づいて報酬や罰を受け手に与える必要があるからである。また，両影響力において，受け手は，与え手の提示する報酬や罰のために自分の態度や行動を変容させるので，社会的に依存的である。それに対して，正当影響力，専門影響力，参照影響力の場合は，受け手の方からそれぞれ与え手の地位や専門的知識，自分にとっての理想的存在であることを認識しているので，与え手は受け手の行動を監視する必要はなく，受け手は両者の社会的関係性に基づいて与え手に依存しているといえる。

　レイヴン（1992, 2008）の枠組みもひとつの案であるが，似たような専門影響力と情報影響力がそれぞれ別のカテゴリーに区分されているというように，独立的と依存的の分類規準も必ずしも明確にされていない。それとは別の捉え方として，報酬影響力と強制（罰）影響力，専門影響力と情報影響力，正当影響力と参照（魅力）影響力という3分類を考えることができる（図2-1，今井，2010, 2020）。報酬と罰は，人間の行動に及ぼす効果を重視した強化理論に基づく基本的な影響力であり，「資源（resources）」である。それ以外の影響力の場合も，その背景には報酬の獲得（および罰の回避）が存在していると考えることができる。フレンチとレイヴン（1959）は，5つの影響力がすべて与え手のもつ資源に基づいていると述べているが，報酬と罰は資源のコントロールに基づく影響力として捉えやすいものである（Fiske, 1993）。専門的知識や説得的論拠もある意味，資源と捉えることができるが，資源のうちの「価値ある情報（知識）」として設定することができ

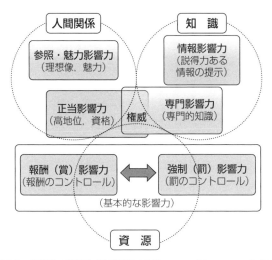

図 2-1　影響力の種類と相互関係 (今井, 2020, 図 1-2, p. 9 を改変)

る。残りの正当影響力と参照影響力は，与え手と受け手との「(人間) 関係」性 (社会的役割関係，他者評価と魅力〈Imai, 1989〉) に関わるものと捉えることができる。つまり，報酬や罰という資源のコントロールを基盤とし，資源のうちでも情報は影響力の根拠となり，また，受け手から見た与え手との人間関係性もまた影響力を形成すると捉えることができるということである。

3.　影響力研究の流れ

　こうした影響力に関して，社会心理学および関連領域において，以下のような 5 領域に分類可能な研究が行われてきた。

(1) **影響力の分類と尺度化**　　影響力の分類 (French & Raven, 1959；Tedeschi et al., 1974)，影響力の基盤に即した影響力測定尺度の構成(Frost & Stahelski, 1988；Hinkin & Schriesheim, 1989；Imai, 1989, 1993；今井, 1987；Nesler et al., 1999；Raven et al., 1998) など

(2) **影響力行使の手段**　　影響力手段の分類とその効果 (Cowan et al., 1984；Falbo, 1977；鎌田・淵上, 2010；Raven & Haley, 1980)，対

人的影響において行使される影響力の選択（Raven & Kruglanski, 1970）など

(3) **影響力動機**（power motive）の概念化と測定（Good & Good, 1972；Winter, 1973, 2010）

(4) **影響力に関連する認知**　　影響力保持者の低影響力保持者に対する心理的距離や原因帰属（Kipnis, 1972, 1976），影響力保持者のステレオタイプ的認知（Fiske, 1993），低影響力保持者の影響力保持者に対する認知（淵上，1987），低影響力保持者の原因帰属（Rodrigues & Lloyd, 1998；Alanazi & Rodrigues, 2003），対象人物の外見と影響力の認知（Johnson & Lennon, 1999＝2004），影響力認知と説得との関連性（Briñol et al., 2017）など

(5) **日常的な場面における影響力**　　家庭内の影響力（Gray-Little & Burks, 1983；今井，1986；Imai, 1989；伊藤，1986；松信，2014；McDonald, 1979, 1980；野口・若島，2007；Shimotomai, 2018；Wolfe, 1959），影響力とリーダーシップ（Lord, 1977），教育場面の影響力（児玉・南，2018；浜名ら，1983；鈴木，2015；田﨑，1979）など

　最近では，影響力の行使と脳の活性化との関連性にも目が向けられている。ガランとオビ（Galang & Obhi, 2019）は，他者から影響を受ける場合は，他者に影響を与える場合や中立的な場合に比べて，有意に左側前頭皮質の活性レベルの低いことを明らかにしている。その他，近年の影響力研究において特筆すべきは，影響力と影響力保持者の認知パターンとの関連性（上記〈4〉）に焦点を当てた研究が大きな潮流を作っていることである。以降では，それらの研究を概観し，その問題点と展望を探っていくことにする。

第2節　影響力行使と認知パターン

　ショプラー（Schopler, 1965）が影響力研究の将来的課題として挙げた，影響力行使によって影響力保持者にもたらされる結果に注目した一人がキプニス（Kipnis, 1972, 1976）であった。彼は，影響力保持者の認知的変化を**影響力の変性効果**（metamorphic effects of power）と名づけ，以下のように

まとめている。①報酬や罰などの資源をコントロールできる状態が，影響力保持者の個人的欲求を満たすために，受け手の行動に影響を与えようという動機づけを高める。②個人的欲求を満たすために強力な影響手段（報酬や罰を約束したり，付与したりすること）を用いるようになる。そして，③受け手の行動は受け手自身でコントロールしたものではなく，影響力保持者が生じさせたものであるという信念をもつようになる。その結果，④受け手の能力を過小評価し，⑤受け手と影響力保持者との間に社会的・心理的距離をおきたがるようになる。同時に，⑥受け手よりも影響力保持者自身を高く評価するようになる。

　それを支持する実験としてキプニス（1972）がある。課題として文字のコード化や特定文字の削除が設定され，作業の監視者に割り当てられた被験者は，架空の作業員（部下）4人に対してマイクで指示を与えることができた。1試行3分の作業を6試行おこなった後，作業員および監視者としての被験者自身に対する認知を測定し，上記のような影響力の変性効果を見出した。彼は，こうした現象が影響力の腐敗（power corruption）につながっていくことを示唆している。しかしながら，日本における追試では，そうした結果は再現されていない（今井，1982；Imai, 1994）。実験における影響力の行使体験が少なかったという側面を否定することはできないが，日本においては，実験で一時的に一緒になった見知らぬ（そして，将来的に会う可能性も低い）受け手を被験者が低評価し，相対的に自分を高評価するという，受け手に対して社会的に失礼な反応を示さずに，謙虚な反応を示していたと解釈できる。その意味で，こうした社会的認知には文化的規範の影響の存在が考えられる。また，ドゥセレたち（DeCelles et al., 2012）は，影響力の腐敗を影響力保持者の自己利益追求という観点から捉え，影響力を保持して自己利益に走るのは道徳的アイデンティティ（道徳意識）が低い個人の場合であり，影響力保持者が必ずしも自己利益のみを追求するわけではないことを指摘している。

　キプニス（1972）の後，20年ほど経って，影響力保持者の認知に注目したのがフィスク（Fiske, 1993）である。彼女は，影響力の源泉は資源のコントロールであるととらえ，「コントロールとしての影響力モデル」（power-as-control model）を提唱した。そして，影響力を行使すると，ものごとをステレ

オタイプ的に認知することを指摘した。フィスク（1993）によれば，低影響
力保持者は影響力保持者に対してなんらかの資源をコントロールする立場に
ないので，影響力保持者は低影響力保持者に対して細かな注意を向ける必要
がなく，その結果として，相対的にステレオタイプ的な認知を行いやすくな
るということである。その後，影響力保持者の認知パターンを示す複数のモ
デルや理論が提唱されるようになった。

第3節　影響力と認知に関する理論

　影響力保持者の認知パターンを明らかにしようとする研究における影響力
の定義は，第1節で紹介したものより限定的である。フレンチとレイヴン
（1959）が分類した5種類の影響力のうち，報酬影響力と強制影響力のみを
対象にしている。このように影響力の種類を限定する理由を述べている研究
は見当たらないが，ひとつには，前述したように，影響力のうち報酬と罰の
コントロールが影響力の基本であると考えられること，また，実験的に正
当，参照，専門影響力について被験者の認知を操作することの困難さが考え
られる。

1.　影響力の接近／抑制理論
　影響力保持者の認知パターンに関する理論として先鞭を付けたのは，アン
ダーソンとバーダール（Anderson & Berdahl, 2002），ケルトナーたち
（Keltner et al., 2003）による**影響力の接近／抑制理論**（The approach/inhibi-
tion theory of power）である（図2-2，cf. 鎌田，2017）。彼らの影響力の定
義を改めて見ると，「資源を提供したり与えなかったり，あるいは，罰を与
えたりすることによって，他者の状態を変容させる能力を影響力と定義す
る」（p. 267）と述べられており，資源として愛情，情報，注意，ユーモア
が挙げられている。
　この理論では，影響力を中心概念とし，その規定因，および影響力によっ
てもたらされる社会的な結果（consequences）がまとめられている。規定
因として図2-2に示されているように，4要因が挙げられている。それらの
影響を受けて個人の影響力が活性化され，その高低によって2つの異なる結

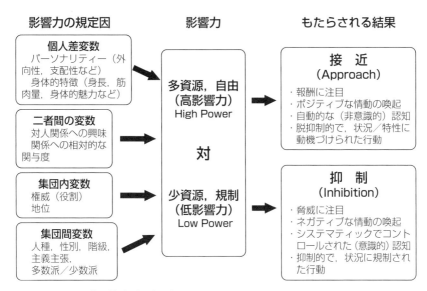

図 2-2　影響力の接近／抑制理論（Keltner et al., 2003, Figure 1, p. 267 に基づいて作成）

果（接近と抑制）が個人の感情（affect），認知，行動に生じると考えられている。その理論的背景として，グレイ（Gray, 1982, 1987）の接近・抑制神経基質理論（Theory of the neural substrate of approach and inhibition）やヒギンズ（Higgins, 1997, 1999）の促進・予防自己制御焦点理論が挙げられている。

　ケルトナーたちの理論の主眼はその後半部分であり，関連する諸研究の知見を基に，影響力によってもたらされる結果を命題（proposition）としてまとめている。ただし，グレイ自身は，行動抑制システムを重視しており，行動接近システムについてはあまり詳述していない（Carver & White, 1994）。接近／抑制理論を支持する研究としては，たとえば，アンダーソンとバーダール（2002）がある。彼らによれば，支配傾向の高い個人や他者に対して資源をコントロールできる立場に一時的に置かれた個人は，影響力感（the personal sense of power, Anderson et al., 2012）が高くなり，自分の真の態度を表明し，ポジティブな情動を体験し，報酬（たとえば，パートナーが自分に好意をもっていること）を認知しやすいことを実験的に明らかにしている。

　その後，ケルトナーたち（2008）は，影響力の返報的影響モデル（A reciprocal influence model of social power）を提唱した。彼らは，影響力を集団と結びつけ，影響力の双方向的作用に注目したうえで，低影響力保持者の連合形成が影響力保持者に対して（当該集団にとって）重要な要求を行い，影響力が集団内で生じる葛藤を低減させるプロセスを指摘している。

2.　状況焦点理論

　ある状況における影響力保持者の敏感性に注目しているのがギノート（2007a，2007b，2008，2010）であり，彼女は影響力の状況焦点理論（The Situated Focus Theory of Power）を提唱した。彼女の一連の研究によれば，影響力を保持すると，当該の状況に適合した認知，判断，行動を取る傾向が高まるということである。影響力保持者は，①自分の置かれた状況において行うべき課題と関連性の低い周辺的な情報には目を向けず，課題遂行に必要な情報に注意を向けることができ，②直感やヒューリスティクスのような，ある種定型化された判断や行動プロセスを採用し，③報酬や好機のような特定の刺激に敏感になる（Guinote, 2010, p. 142）。その結果，効率的に課題遂行でき，遂行量の増加につながる。それに対して低影響力保持者は，影響力保持者にも注意を向け，予測可能性やコントロールを高めるために種々の情報にアクセスしなければならず，そのために課題遂行に関連のない情報を無視する能力を削がれることになる。

　状況焦点理論では，基本的認知レベルと高次認知レベルという2つの認知レベルが想定されている。下位の基本的認知レベルにおいて，影響力保持者は何ら制約を受けないので，状況の必要性（課題の内容）に応じて，目標や欲求，アクセス可能な情報，環境のもつ意味に自分の注意を向け，また，それらに注意を効率的かつ選択的に配分できる。それを通して，高次認知レベルにおいて状況に応じた判断や行動を取ることができる。それが状況に適合した戦略的認知（マインドセットやバイアス）であり，注意を選択的に配分したり，判断や行動を導く定型化された処理パターン（ヒューリスティクス）を採用したり，報酬や機会という特定の刺激に敏感になったりする（〈Keltner et al., 2003〉による接近／抑制理論を参照）。これらの高次認知レベルの反応も状況に基づく判断や行動を導く。ギノート（2007c）の認知課題（枠組み線分テスト）を用いた実験やジェルヴェたち（Gervais et al.,

2013）の創造性に関する実験においては，当理論を支持する結果が得られている。

3.　影響力の社会的距離理論

　影響力保持者の低影響力保持者に対する心理的距離と解釈レベルに注目したのが，マギーとスミス（Magee & Smith, 2013）である。彼らもまた，影響力を「価値ある資源の非対称的なコントロール」（p. 159）と捉えた。価値ある資源（情報や金銭など）の保持は，報酬影響力に相当すると考えられる。彼らによれば，影響力保持者は，低影響力保持者に比べて，他者に対して距離感をもち，それが周囲の状況の解釈に影響を与えると指摘し，**影響力の社会的距離理論**（social distance theory of power）を提唱した。

　彼らは，2つの原則を挙げている。すなわち，「非対称的な依存が非対称的な社会的距離をもたらす」（p. 159），そして，トロウプとリバーマン（Trope & Liberman, 2010）の解釈レベル理論に基づき，「影響力が（社会的距離を介して）解釈レベルを上げる」（p. 164）（すなわち高レベル解釈〈抽象的な心的表象〉になる）ということである。受け手としての低影響力保持者は影響力保持者に依存している状態にあり（Fiske & Berdahl, 2007），影響力保持者は低影響力保持者を自分とは異なる存在と認識し，低影響力保持者が心理的に遠くに存在していると感じ（社会的距離感），さらに，ものごとを抽象的に解釈する傾向（高レベル解釈）が強くなり，目標指向的になり，他者の気持ちに無関心になるという一連の反応が生じる。

　それを示しているのが図 2-3 である。影響力を保持することによって，低影響力保持者と親しくなろうとする動機が低減し，他方，「低影響力保持者は影響力保持者と親しくなることを望んでいる」と期待するという2つの認知に基づいて，低影響力保持者との社会的距離を保つようになる。両者の間に，相手に対する社会的距離の非対称性が生じる。それが右上四角内にあるような心理的反応を引き起こし，また，それらの心理的反応が対人関係における非対称的な社会的距離の維持を促す（図 2-3 上方左右方向の破線）。社会的距離の増加は，影響力保持者の解釈レベルにも影響を与える。というのも，影響力が対象刺激（物体，できごと，他者，目標，行為など）の心的表象を変化させるからである。高レベル解釈は，対象の中心的かつ上位的側面

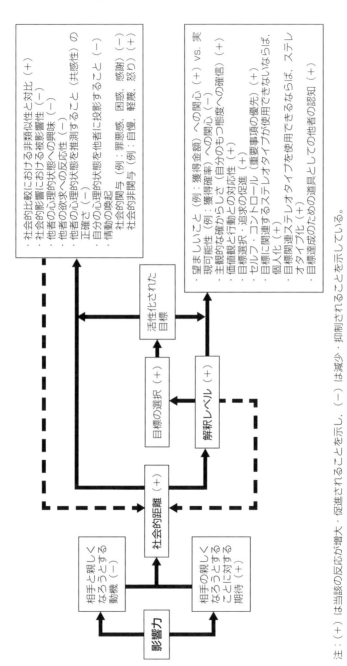

注：（+）は当該の反応が増大・促進されることを示し，（−）は減少・抑制されることを示している。

図 2-3　影響力の社会的距離理論（Magee & Smith, 2013, Figure 1, p. 161 に基づいて作成）

を強調するスキーマ的表象である。他方，低レベル解釈は，周辺的，副次的側面を強調するような，相対的に構造化されていない表象である。そうした高レベル解釈が図 2-3 の右下四角内の反応を引き起こし，また，高解釈レベルが低影響力保持者との社会的距離感を維持する（図 2-3 下方左方向の破線）。さらに，高解釈レベルが当該の状況で求められている目標を効率良く選択することを促し，それによって活性化された目標が，右側 2 つの四角内の反応を引き起こすと考えられている。スミスとトロウプ（Smith & Trope, 2006）は，7 つの実験を通して，影響力の保持と高解釈レベル（遠位的視点，抽象的思考）との関連性を明らかにしている。

第 4 節　影響力と認知パターン研究の今後

1.　影響力の操作的定義

　上記 3 理論を始め，影響力保持者の反応を明らかにする実験において用いられた影響力の操作的定義を通して，これらの研究者が影響力をどのようなものとして捉えていたかを検討してみたい。影響力の操作方法は，少なくとも 4 種類に分類できる。すなわち，エピソード想起法，資源分配法，対人的影響法，そして，意味的プライミング法である。①エピソード想起法は，ガリンスキーたち（Galinsky et al., 2003）以来用いられている方法で，今まで他者に影響を与えた，あるいは，他者から影響を受けたエピソードを記述させる方法である。過去の対人的影響場面の想起により，影響力の感覚を一時的に操作する方法といえる。それに対して，②資源分配法は，アンダーソンとバーダール（2002）のように，実験室において被験者に対して自分を含めた他者に金銭を実際に分配できる権限を与える方法である。エピソード想起法に比べれば現実感は高いが，他者に影響を与える項目としては，金銭の分配と他者を監督する立場という点のみで，エピソード想起法よりは対人的影響の項目数が少ない傾向がある。それに対して，③キプニス（1972）が用いた対人的影響法は，他者の存在が架空とはいえ，実際に他者に報酬や罰を与えられる状況を 6 試行用意するという点では，資源分配法よりも対人的影響の効果は大きいといえる。ただし，この場合も最大 6 回の働きかけであり，被験者によってはそれ以下の場合もありうる。また，資源分配法も対人的影

響法も，受け手の反応は明示されず，受け手の抵抗を凌駕して受け手に影響を与えるという側面は含まれていない。④最後の意味的プライミング法は，バージたち（Bargh et al., 1995）やアンダーソンとガリンスキー（2006）が用いた方法であり，たとえば，単語完成テスト16問を用意し，その単語の中に権威や影響力に関連する言葉を正解可能なように6個（たとえば，_NFLU_ _ _E, AUT_ _R_T_）含める方法である。あるいは，スミスとトロウプ（2006）の実験2のように，与えられた5語のうち4語を用いて，文法的に正しい文章を完成させ，その単語の中に影響力関連語の有無が操作されるという方法もある。

　これらの方法は，影響力の最少操作（Magee & Smith, 2013）と呼べるものであり，これだけの操作で個人の影響力感覚を操作でき，また，そのことにより3理論で提示されている影響力保持者の反応が生じるのであれば，そうした反応は，ある意味，影響力保持者の根本的な反応といえるのかもしれない。しかし，エピソード想起法や意味的プライミング法では，直接的に報酬や罰のコントロールを操作しているわけではなく，これらの操作が被験者にとってどのような意味をもっていたかについては，さらに方法的な比較を通して明らかにしていくべき課題である。

　また，影響力が他者に対する報酬や罰のコントロールによって生じるということであれば，一般的な事物に対するコントロール感とどのような関係にあるのかも興味深い課題である。影響力を保持することも重要であるが，その前に，たとえば自己効力感（Bandura, 1982）をもてることが，3理論で示されている反応を引き起こしているのかもしれない。ビデオゲームにおいて行為者として画面内で可能なものをコントロールする体験をすることによって，3理論で示されている反応が生じうるのかどうかを確認するという作業も必要であろう。また，近年は，社会心理学研究における再現性の問題も指摘されており（たとえば，池田・平石，2016），特に，意味的プライミング法による結果については検討が必要であると考えられる。

2.　3理論の比較と評価

　3理論の共通点は，影響力保持（行使）の（追）体験が影響力を保持しない場合に比べて，影響力保持者の認知，判断，行動に影響を及ぼすことを示

した点である。その際の影響力は，資源のコントロールを基盤としている報
酬影響力や強制影響力であるが，いずれも正当，参照，専門，情報影響力の
保持については特に言及されていない。

　3理論を比較すると，接近／抑制理論と社会的距離理論とは比較的構造が
似ているが，後者の方が，影響力保持者の反応プロセスをより細かく捉え，
社会的距離の増大，解釈レベルの高次化を設定している。前者はそれに対し
て，影響力を保持することに影響を与える要因を（個人から集団間まで）4
レベルで設定しているが，その部分は，影響力保持者の認知パターンとは直
接的には関連していない。両理論の構造的類似点があるため，マギーとスミ
ス（2013）も両者を比較している。彼らは，社会的距離理論で挙げられてい
る影響力保持者の反応のうち，半分以下が接近／抑制理論で列挙されている
に過ぎないと指摘している。また，接近／抑制理論においては，影響力の増
加が行動接近システム（BAS）を活性化させ，影響力の低下が行動抑制シス
テム（BIS）の活性化を促すと理論に組み込んでいる。しかし，マギーとス
ミス（2013）は，関連する諸研究の結果に基づいて，影響力と両システムと
の関連性は，接近／抑制理論で指摘されているほど一義的ではなく，この神
経生理学的システムに基づいて理論化することに懐疑的である。

　影響力の行使体験に基づく反応を神経生理学的レベルで説明できれば，ひ
とつの理解を促すことになるが，元々のグレイ（1982, 1987）の発想が，個
人の不安や恐怖・ストレスの神経生理学的説明を目指したものであり，それ
と影響力行使との関連性については，新たに検討が必要であろう。その点に
関連して，ケルトナーたち（2003）は，報酬が豊富に存在する環境内で行動
し，他者評価や他者の行動結果の影響を受けないなかで，影響力保持者は，
「接近」と関連する感情，認知，行動のレベルが上昇する傾向があると述べ
ているのみである。接近／抑制理論は理解しやすい構造であるが，その構成
要素間の対応関係についてはさらなる検討が求められる。また，グレイの理
論が，元々，気質に基づく個人差を説明するためのものであり，それが影響
力の保持という一時的な状況変化にも適応されうるかどうかについては検討
すべきであろう。

　ギノートの状況焦点理論のポイントは，影響力保持者が自分の置かれた状
況における課題で求められていること（目標）を的確に把握し，それに最適

な行動を取る傾向があることを指摘していることである。この理論の問題点
のひとつは，影響力を保持すると，なぜ課題の構造，目標を認識しやすくな
るのかという説明が明確にされていない点である。目標の選択性や上記の接
近／抑制が当該の状況に最適な行動とどのように結びつくのか，その論理的
説明がほしいところである。

　社会的距離理論も問題がないわけではない。影響力保持者の反応の差異を
もたらすのは，解釈レベルの違いであると指摘しているが，解釈レベルの違
いに直接的に影響を与えるのは，影響力の保持／行使ではなく，それによっ
て生じる社会的距離感である。社会的距離感という要因を影響力と解釈レベ
ルの間に介在させる論理的な意味を説明すべきであろう。というのも，社会
的距離感が解釈レベルの影響を受けた反応であると捉えることも可能であ
り，実際，トロープとリバーマン（2010）は，社会的距離感と解釈レベルと
は，双方向的な因果関係にあると述べているからである。さらに，目標の活
性化，影響力保持者の反応から社会的距離感への再帰的経路も想定されてい
るため，接近／抑制理論に比べれば複雑な理論になっている。目標の位置づ
けや再帰的経路の妥当性については，今後，検討していくべき課題である。

　3理論と上記の議論に基づいて，図2-4のような影響力行使-認知モデルが
考えられる。本モデルでは，影響力保持者のもつコントロール感が彼らの認
知パターンに影響をもたらす主要な要因であると捉え，その一形態として，
他者（低影響力保持者）を対象とする対人的影響の現象があり，その際に影
響力感が生じると考える。そのコントロール感をもたらすのは，3理論でも
主張されているように，影響力の主たる基盤としての報酬と罰をコントロー
ルすることである。低影響力保持者に報酬と罰をもたらすものとしては，フ
レンチとレイヴン（1959），レイヴン（1965）が指摘したように集団内地位
や専門的知識，参照性や魅力なども考えられるので，それらも明示してあ
る。コントロール感によってもたらされる，影響力保持者の認知パターン
が，高次解釈レベル，促進焦点化，行動接近システムである。これらのう
ち，高次解釈レベルという枠組みが最も影響力保持者の具体的反応を捉えて
いると考えられる。なお，社会的距離理論においては，社会的距離が解釈レ
ベルに影響を与えると想定されているが，ここでは，その因果性については
特定せず，両者が関連していることだけを示している。さらに，低影響力保

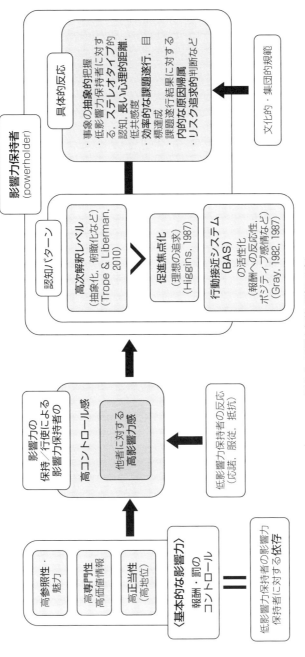

図 2-4　影響力行使-認知モデル

持者の反応が影響力保持者のコントロール感や影響力感覚に影響を与え，ま
た，文化的・集団的規範が影響力保持者の反応の顕現度に影響を与えると考
えられる。このようなモデルや理論の提示は，研究を進めるうえでの枠組み
となるものであり，今後，影響力感覚喚起の操作方法，影響力保持者と低影
響力保持者との相互作用的側面も含め，より精緻なモデル，理論に更新して
いく作業が必要である。

　これらの研究の応用的側面としては，集団のリーダーシップとの関連性が
考えられる（cf. 坂田，2017）。影響力に関わる現象はリーダーシップの一部
であり，リーダーという位置や役割に就くことによる認知パターンの生起に
思い至るであろう。図 2-4 の右側に挙げた反応が集団内において生じる可能
性が考えられる。すなわち，フォロワーに対して報酬や罰をコントロールす
ることを通じて，リーダーはフォロワーとの間に心理的距離を置き，集団の
成果を自己高揚的に帰属し，また，リスク追求的になる傾向があるというこ
とである。リーダー自身はもちろん，フォロワーもそうしたリーダーの認知
パターン傾向を理解しておくことは必要であろう。

■引用文献

Alanazi, F. M., & Rodrigues, A.（2003）. Power bases and attribution in three cultures. *Journal of Social Psychology*, **143**, 375-395.

Anderson, C., & Berdahl, J. L.（2002）. The experience of power: Examining the effects of power on approach and inhibition tendencies. *Journal of Personality and Social Psychology*, **83**, 1362-1377.

Anderson, C., & Galinsky, A. D.（2006）. Power, optimism, and risk-taking. *European Journal of Social Psychology*, **36**, 511-536.

Anderson, C., John, O. P., & Keltner, D.（2012）. The personal sense of power. *Journal of Personality*, **80**, 313-344.

Bandura, A.（1982）. Self-efficacy mechanism in human agency. *American Psychologist*, **37**, 122-147.

Bargh, J. A., & Raymond, P.（1995）. The naïve misuse of power: Nonconscious sources of sexual harassment. *Journal of Social Issues*, **26**, 168-185.

Briñol, P., Petty, R. E., Durso, G. R. O., & Rucker, D. D.（2017）. Power and persuasion: Processes by which perceived power can influence evaluative judgments. *Review of General Psychology*, **21**, 223-241.

Cartwright, D.（Ed.）（1959）. *Studies in social power*. Ann Arbor, MI: Institute for Social

Research.

Carver, D. S., & White, T. L.（1994）. Behavioral inhibition, behavioral activation, and affective responses to implementing reward and punishment: The BIS/BAS scales. *Journal of Personality and Social Psychology*, **67**, 319‒333.

Cowan, F., Drinkard, J., & MacGavin, L.（1984）. The effects of target, age, and gender on use of power strategies, *Journal of Personality and Social Psychology*, **47**, 1391‒1898.

DeCelles, K. A., DeRue, D. S., Margolis, J. D., & Ceranic, T. L.（2012）. Does power corrupt or enable? When and why power facilitates self-interested behavior. *Journal of Applied Psychology*, **97**, 681‒689.

Falbo, T.（1977）. Multidimensional scaling of power strategies, *Journal of Personality and Social Psychology*, **35**, 537‒547.

Fiske, S. T.（1993）. Controlling other people: The impact of power on stereotyping, *American Psychologist*, **48**, 621‒628.

Fiske, S. T., & Berdahl, J. L.（2007）. Social power. In E. T. Higgins & A. W. Kruglanski（Eds.）, *Social psychology: Handbook of basic principles*. 2nd ed. London, England: Oxford University Press. pp. 678‒692.

French, J. R. P. Jr., & Raven, B. H.（1959）. The bases of social power. In D. Cartwright（Ed.）, *Studies in social power*. Ann Arbor, MI: Institute for Social Research. pp. 150‒167.（水原泰介（訳）（1962）. 社会的勢力の基盤　千輪浩（監訳）社会的勢力　誠信書房　pp. 193‒217）

Frost, D. E., & Stahelski, A. J.（1988）. The systematic measurement of French and Raven's bases of social power in workgroups, *Journal of Applied Social Psychology*, **18**, 375‒389.

淵上克義（1987）. 勢力保持者の勢力行使がその受け手による保持者への認知に及ぼす効果　実験社会心理学研究. **27**, 89‒94.

淵上克義（2008）. 影響戦術研究の動向　坂田桐子・淵上克義（編）. 社会心理学におけるリーダーシップ研究のパースペクティブ I　ナカニシヤ出版　pp. 129‒166.

Galang, C. M., & Obhi, S. S.（2019）. Social power and frontal alpha asymmetry. *Cognitive Neuroscience*, **10**, 44‒56.

Galinsky, A. D., Gruenfeld, D. H., & Magee, J. C.（2003）. From power to action. *Journal of Personality and Social Psychology*, **85**, 453‒366.

Gervais, S. J., Guinote, A., Allen, J., & Slabu, L.（2013）. Power increases situated creativity. *Social Influence*, **8**, 294‒311.

Good, L. R., & Good, K. C.（1972）. An objective measure of the motive to attain social power, *Psychological Reports*, **30**, 247‒251.

Gray, J. A.（1982）. *The neuropsychology of anxiety*. New York: Oxford University Press.

Gray, J. A.（1987）. *The psychology of fear and stress*. New York: Cambridge University Press.

Gray‒Little, B., & Burks, N.（1983）. Power and satisfaction in marriage: A review and critique, *Psychological Bulletin*, **93**, 513‒538.

Guinote, A.（2007a）. Behaviour variability and the situated focus theory of power, *Euro-

pean Review of Social Psychology, **18**, 256-295.

Guinote, A.（2007b）. Power affects basic cognition: Increased attentional inhibition and flexibility, *Journal of Experimental and Social Psychology*, **43**, 685-697.

Guinote, A.（2007c）. Power and goal pursuit. *Personality and Social Psychology Bulletin*, **33**, 1076-1087.

Guinote, A.（2008）. Power and affordances: When the situation has more power over powerful than over powerless individuals. *Journal of Personality and Social Psychology*, **95**, 237-252.

Guinote, A.（2010）. The Situated Focus Theory of Power. In A. Guinote & T. K. Vescio （Eds.）, *The social psychology of power*. New York: The Guilford Press. pp. 141-173.

Guinote, A., & Vescio, T. K.（Eds.）（2010）. *The social psychology of power*. New York: The Guilford Press.

浜名外喜男・天根哲治・木山博文（1983）. 教師の勢力資源とその影響度に関する教師と児童の認知 教育心理学研究, **31**, 220-228.

Higgins, E. T.（1997）. Beyond pleasure and pain. *American Psychologist*, **52**, 1280-1300.

Higgins, E. T.（1999）. Promotion and prevention as motivational duality: Implications for evaluative processes. In S. Chaiken & Y. Trope（Eds.）, *Dual-process theories in social psychology*. New York: Guilford Press. pp. 503-525.

Hinkin, J. R., & Schriesheim, C. A.（1989）. Development and application of new scales to measure the French and Raven（1959）bases of social power. *Journal of Applied Psychology*, **74**, 561-567.

池田功毅・平石界（2016）. 心理学における再現可能性危機：問題の構造と解決策 心理学評論, **59**, 3-14.

今井芳昭（1982）. 勢力保持者の自己・対人認知を規定する要因について 心理学研究, **53**, 98-101.

今井芳昭（1986）. 親子関係における社会的勢力の基盤 社会心理学研究, **1**, 35-41.

今井芳昭（1987）. 影響者が保持する社会的勢力の認知と被影響の認知・影響者に対する満足度との関係 実験社会心理学研究, **26**, 163-173.

Imai, Y.（1989）. The relationship between perceived social power and the perception of being influenced. *Japanese Psychological Research*, **31**, 97-107.

Imai, Y.（1993）. Perceived social power and power motive in interpersonal relationships, *Journal of Social Behavior and Personality*, **8**, 687-702.

Imai, Y.（1994）. Effects of influencing attempts on the perceptions of powerholders and the powerless. *Journal of Social Behavior and Personality*, **9**, 455-468.

今井芳昭（2010）. 影響力：その効果と威力 光文社

今井芳昭（2020）. 影響力の解剖：パワーの心理学 福村出版

伊藤冨美（1986）. 夫妻間の勢力関係の類型 風間書房

Johnson, K. K. P., & Lennon, S. J.（1999）*Appearance and power*. New York: Berg.（高木修・神山進・井上和子（監訳）（2004）. 外見とパワー 北大路書房）

鎌田雅史（2017）. 勢力と地位 坂田桐子（編）. 社会心理学におけるリーダーシップ研究のパースペクティブⅡ ナカニシヤ出版 pp. 13-37.

鎌田雅史・淵上克義（2010）．児童の社会的勢力認知と影響戦術使用の循環的関連に関する研究　心理学研究, **81**, 240-246.

Keltner, D., Gruenfeld, D. H., & Anderson, C.（2003）. Power, approach, and inhibition. *Psychological Review*, **110,** 265-284.

Keltner, D., van Kleef, G. A., Chen, S., & Kraus, M. W.（2008）. A reciprocal influence model of social power: Emerging principles and lines of inquiry. In M. P. Zanna（Ed.）, *Advances in Experimental Social Psychology*, **40**, 151-192.

Kipnis, D.（1972）. Does power corrupt? *Journal of Personality and Social Psychology*, **24**, 33-41.

Kipnis, D.（1976）. *The powerholders.* Chicago, IL: The University of Chicago Press.

児玉真樹子・南晴佳（2018）．周囲からみたスクールカースト上位者の特徴: 社会的勢力に着目して　学習開発学研究, （11）, 3-12.

Lord, R. G.（1977）. Functional leadership behavior: Measurement and relation to social power and leadership perceptions. *Administrative Science Quarterly*, **22**, 114-133.

Magee, J. C., & Smith, P. K.（2013）. The social distance theory of power. *Personality and Social Psychology Review*, **17**, 158-186.

松信ひろみ（2014）．リタイア期夫婦における夫婦の勢力関係　駒澤社会学研究, **46**, 85-100.

McDonald, G. W.（1979）. Determinants of adolescent perceptions of maternal and paternal power in the family. *Journal of Marriage and the Family*, 757-770.

McDonald, G. W.（1980）. Family power: The assessment of a decade of theory and research, 1970-1979. *Journal of Marriage and the Family*, 841-854.

Nesler, M. S., Aguinis, H., Quingley, B. M., Lee, S.-J., & Tedeschi, J. T.（1999）. The development and validation of a scale measuring global social power based on French and Raven's power taxonomy. *Journal of Applied Social Psychology*, **29**, 750-771.

野口修司・若島礼文（2007）．青年期の親子関係における社会的勢力とコミュニケーション関する研究　家族心理学研究, **21**, 95-105.

Raven, B. H.（1965）. Social influence and power. In I. D. Steiner & M. Fishbein（Eds.）, *Current studies in social psychology*. New York: Holt, Rinehart, Winston.

Raven, B. H.（1974）. The comparative analysis of power and power preference. In J. T. Tedeschi（Ed.）, *Perspectives on social power*. Chicago, IL: Aldine. pp. 172-198.

Raven, B. H.（1992）. A power/interaction model of interpersonal influence: French and Raven thirty years later. *Journal of Social Behavior and Personality*, **7**, 217-244.

Raven, B. H.（2008）. The bases of power and the power/interaction model of interpersonal influence, *Analyses of Social Issues and Public Policy*, **8**, 1-22. DOI: 10.1111/j.1530-2415.2008.00159.x

Raven, B. H., & Haley, R. W.（1980）. Social influence in a medical context. In L. Bickman（Ed.）, *Applied social psychology annual*. Beverly Hills, CA: SAGE. pp. 255-277.

Raven, B. H., & Kruglanski, A. W.（1970）. Conflict and power. In P. G. Swingle（Ed.）, *The structure of conflict*. New York: Academic Press. pp. 69-109.

Raven, B. H., Schwarzwald, J., & Koslowsky, M.（1998）. Conceptualizing and measureing a power/interaction model of interpersonal influence. *Journal of Applied Social Psychol-*

ogy, **28**, 307-332.

Rodrigues, A., & Lloyd, K. L.（1998）. Reexamining bases of power from an attributional perspective. *Journal of Applied Social Psychology*, **28**, 973-997.

Russell, B.（1938）. *Power: A new social analysis*. London: Allen & Unwin.

坂田桐子（編）（2017）. 社会心理学におけるリーダーシップ研究のパースペクティブⅡ　ナカニシヤ出版

Schopler, J.（1965）. Social power. In L. Berkowitz（Ed.）, *Advances in Experimental Social Psychology*, **2**, 177-218. New York: Academic Press. pp. 177-218.

Shimotomai, A.（2018）. Parental social power, co-parenting, and child attachment: Early to late Japanese adolescence transitions. *Current Psychology*, https://doi.org/10.1007/s12144-018-9811-0.

Smith, P. K., & Trope, Y.（2006）. You focus on the forest when you're in charge of the trees: Power priming and abstract information processing. *Journal of Personality and Social Psychology*, **90**, 578-596.

鈴木翔（2015）. なぜいじめは止められないのか？　中高生の社会的勢力の構造に着目して　教育社会学研究, **96**, 325-345. https://doi.org/10.11151/eds.96.325

田﨑敏昭（1979）. 児童・生徒による教師の勢力源泉の認知　実験社会心理学研究, **18**, 129-138.

Tedeschi, J. T., Bonoma, T. V., & Schlenker, B. R.（1974）. Influence, decision, and compliance. In J. T. Tedeschi（Ed.）, *The social influence processes*. Chicago, IL: Aldine. pp. 346-418.

Trope, Y., & Liberman, N.（2010）. Construal level theory of psychological distance. *Psychological Review*, **117**, 440-463.

Winter, D, G.（1973）. *The power motive*. New York: The Free Press.

Winter, D. G.（2010）. Power in the person: Exploring the motivational underground of power. In A. Guinote & T. K. Vescio（Eds.）, *The social psychology of power*. New York: The Guilford Press. pp. 113-140.

Wolfe, D. M.（1959）. Power and authority in the family. In D. Cartwright（Ed.）, *Studies in social power*. Ann Arbor, MI: Institute for Social Research. pp. 99-117.（外林大作（訳）（1962）. 家庭における勢力と権威　千輪浩（監訳）. 社会的勢力　誠信書房　pp. 128-150）

第3章 人間-状況論争は続いている

心理的状況研究の新たな展開を中心に

堀毛一也

第1節　人と状況の相互作用に関する考え方の発展

　「人と状況の相互作用」に関しては，ミシェル（Mischel, 1968）のパーソナリティ研究批判を受けて，欧米では1970年代から1990年代にかけて活発な論議（「人間-状況論争」と呼ばれる）が行われ，エンドラーとマグヌセン（Endler & Magnusson, 1976；Magnusson & Endler, 1977）による新相互作用論など注目すべき考え方を生み出してきた。本邦でも，本書の監修者である安藤（1981）による先駆的な論考を始め，堀毛（1989），佐藤と渡邊（1992）など数多くの著作により，論争の意義の紹介がなされてきたが，2010年以降の展開を扱った内容は，堀毛（2014）以外ほとんど見られないまま推移してきた。一方，欧米では主要な雑誌で特集が組まれるなど論議が続いており（Mechelen & De Raad, 1999；Donnellan et al., 2009），国際学会でも必ずと言っていいほど関連するセッションが開催されている。論争の中核をなす問題のひとつである「心理的状況（psychological situation）」の把握のしかたについても，オンラインでハンドブックが公開されるなど（Rauthmann et al., 2017），引き続き関心の高まりが見受けられるが，本邦では紹介がなされないままである。

　「人間-状況論争」で論じられた主要な論点は以下の4点である（Krahé, 1992；堀毛，2014）。①パーソナリティ特性による行動予測の有用性への疑問，②パーソナリティ特性の内的実在性への疑問，③状況の定義や状況変数の解明の必要性，④行動の通状況的一貫性への疑問。これらの論議の中から，多くの研究者の共通した見解として，ⅰ行動の規定因としてはパーソナリティ特性と状況的特徴の双方が重要であり，効果量としてもほぼ同一の重みを有すること，ⅱ特性論と社会認知論を統合した観点の構築が重要な

こと，ⅲ状況的要因に関する統合的研究が重要な意味をもつこと，などといった主張がなされてきた。最近の研究でもこうした論点はほぼ共通しているが，より複合的な視点をもった奥行きのある論考が展開されている。

たとえば，第1点に関しては，ブルムたち（Blum & Schmitt, 2017, Blum et al., 2018）による人間-状況の相互作用に関する非線形モデル（NIPS model：The Nonlinear Interaction of Person and Situation model）の考え方が注目される。このモデルでは，人要因の例としてパーソナリティ特性（たとえば不安など）を，状況要因の例として人を追いかける動物の危険性（たとえば犬と恐竜の相違）を取り上げ，人から特定の反応をアフォードするその瞬間の圧力を「状況特徴（situation characteristics）」と見なす。さらにファンダー（Funder, 2006）の指摘に従い，第三の要素として「行動」を考え，三相構造として潜在的・顕在的な状況特定的行為（たとえば不安・脅威への反応としての逃走）を位置づける。行動には生理的反応や行為・認知・動機付け・感情なども含まれ，人の反応は，関連する特性のレベルと，状況のアフォーダンスのレベル，両者の相互作用による行為の様相によって決定されることになる。ここで相互作用に関しては，これまでの考え方として，ⓐ新相互作用論的観点，すなわち人（P）や状況（S）の主効果では説明できない相互作用要因（P×S）の重要性を強調する考え方（Endler & Magnusson, 1976）や，ⓑパーソナリティ要因あるいは状況要因を調整変数として位置づけ，たとえば状況のアフォーダンスが高い場合（ミシェル〈Mishcel, 1973〉の指摘する「強い」状況）には特性の高低による相違は少ないが，アフォーダンスが低い場合（「弱い」状況）には特性による違いが顕著になるとする相乗的観点，の2つが存在すると指摘する。一方で，NIPSモデルはマーシャルとブラウン（Marshall & Brown, 2006）のTASS（The Traits As Situational Sensitivity）モデルを基盤とした第三の立場をとる。TASSモデルでは，状況のアフォーダンス（状況特徴）が強まるにつれて，特性の程度に応じ，行動が非線形的に変化すると考える。たとえば特性を強くもつ場合（状況への感受性が高い場合）には，状況のアフォーダンスが低い時点から行動への影響が生じ，中程度を過ぎるとその影響は緩やかになる。一方，特性保有の程度が低い場合には，状況のアフォーダンスが中程度になるまでは影響は少なく，その後アフォーダンスが強まるにつれて行動への影響が顕著

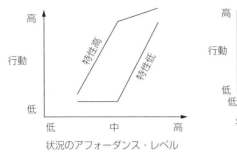

図 3-1　TASS モデルの予測
（Blum et al., 2018）

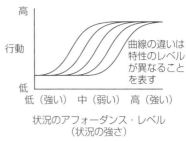

図 3-2　NIPS モデルの予測
（Blum et al., 2018）

になっていく。こうした考え方によれば，状況のアフォーダンスが中程度のときに，相互作用すなわち特性要因による行動の相違が最も顕著に見られることになる。行動の変化の様相は図 3-1 のように表され，マーシャルたちは，攻撃性を例とした研究によりこのモデルに対する実証的な支持を得ている。

　NIPS モデルでは，この変化を S 字状に捉える。すなわち，図 3-2 に示されるように，特性保有のレベルにより個々人で S 字カーブが異なり，保有の程度が強い（もしくは弱い）ほど，状況のアフォーダンス（状況特徴）に反応し行動への影響の立ち上がりが速く，逆に弱い（強い）ほど立ち上がりが遅くなると考える。ここでも，状況特徴が中程度のときが，弱い状況として個人差が最も顕著に観察されることになる。高低が顕著な場合には，強い状況として個人差より状況による行動規定が大きくなると考える。また，状況と特性の位置づけを入れ替えても同様の変化が推定され，特性が極端に強い（弱い）場合には状況の影響を受けにくいが，特性のレベルが中程度の場合には状況特徴の影響によるばらつきが大きくなる。ブルムたちは，攻撃性や嫉妬について，このモデルの適合性を検討し，支持的な結果を得ているが，モデルに適合しない状況が存在することも示唆されている。また実証にあたっては，特定の特性・状況に限定された研究になってしまうことは否定できないこと，加えて曲線の形態にも個人差が見られることなども想定され，総合的なモデルとしては限界も感じられるが，人と状況の相互作用の説明に関し，人間要因と状況要因の双方の重要性を主張する考え方として興味深い。

第2節   特性論と社会認知論の統合

　第2点の特性論と社会認知論を統合した観点の重要性に関しては，すでに堀毛（2014）において，フリーソンとノフトル（Fleeson & Noftle, 2008, 2009）の一貫性種別論，ファンダー（Funder, 2006, 2009）のパーソナリティ三相説，ロバーツたちの生涯発達的観点（Roberts & Pomeranz, 2004；Roberts, 2009）など多様な考え方があり，いずれも「特性論と状況論の統合を図ろうとする意図」をもち，社会認知論的立場を取り込み，パーソナリティ心理学と社会心理学の「統合知」をもたらそうとする試みであると論じた。その後展開されているさまざまな研究でもこうした試みは継続されている。たとえば，キールストローム（Kihlstrom, 2013）は，「人と状況の相互作用」についての展望論文の最後を，「人々の社会的相互作用は状況に関する心的表象によって決定される。……人が社会的状況に関する心的表象を解釈する認知構造・認知過程は，個人のパーソナリティの一部である」（p. 25）とする社会認知論的な指摘で締めくくっている。また，フリーソンとジャヤウィックリーム（Fleeson & Jayawickreme, 2015）は，特性論と社会認知論のもつ問題点について，特性論では，特性がどのような機能をもち，どのようにして行動の差につながるかというプロセスの説明が欠けていること，社会認知論では，変数間の関連の相違によって，どのような個人差が説明されるかという視点が欠けていることを指摘している。そのうえで，2つの立場を統合した「統一特性論（Whole trait theory）」を提唱し，たとえばビッグ・ファイブによる説明は広範な行動にわたるが，そうした側面に特定のメカニズムを「付着（accretion）」する役割として社会認知論が位置づけられると主張している。ビッグ・ファイブのような広範な行動に関連する特性は，特定の状況における特定の行動を説明する多数の「狭い」特性から構成される。こうした「狭い」特性が時間と共に蓄積し互いに相互作用しながら広範な特性を形作っていくプロセスを「付着」と呼ぶ。狭い特性に関する因果関係の説明は社会認知論的に行われる。複数のこうした説明の「付着」が，より広範な特性の説明機能を作り上げる。また，生物学的・文化的要因は，付着のしかたを束縛し影響を与え，結果的に社会認知論を基盤とする特性が成立すること

になる。こうした考え方は現段階では試論に過ぎないが，いずれ実証的なデータとともに論議が進んでゆくものと思われる。

　さらに，ライスとホルムズ（Reis & Holmes, 2018）は，「相互作用論的方略が，正確で理解しやすく一般的な社会行動研究の基盤となる唯一の方略」（p. 68）と主張し，行動が人の特徴と状況の特徴の相互作用により決定されること，個人内における状況を通じた行動の変化がその個人に関する重要な情報になること，そして，状況と個人的因果は複雑に関連し合っており，状況的特徴が個人内の認知・感情的処理システムを活性化し行動を導くと指摘している。この考え方は，パーソナリティに関する社会認知論の嚆矢のひとつとなるミシェルとショウダ（Mishcel & Shoda, 1995）による CAPS 理論の考え方とほぼ同様の指摘と見なせるが，ライスたちは，前節でも取り上げた状況の「社会的アフォーダンス」を重視した，「アフォーダンス・モデル」を提唱している。アフォーダンスとは，このモデルでは，「行動や相互作用のきっかけ，そして自ら行動を起こす機会となること」を意味する。アフォーダンス・モデルは，状況のもつ特徴に合わせて複数の潜在的な反応がアフォードされ，そのなかで人のパーソナリティ変数によって特定の反応が選択され顕在化すると考える。ここでパーソナリティ変数とは，特性ばかりでなく，動機，価値，好み，目標，習慣など，状況に気づき，可能な選択肢を選ぶ際に関与する，広範な個人的特徴を意味する。CAPS 理論でいえば，認知-感情ユニットの結びつき（CAUs）と同様の意味づけをもつと考えられよう。

　ここで取り上げた以外にも，「人と状況の相互作用」に関しては，特性論と社会認知論を結びつけた新たな理解のしかたが次々と提唱されており，統合的な枠組の構築に向けた努力が続けられている。

第3節　社会的状況研究の新展開

　第3点として指摘した状況要因に関する統合的視点の構築に関しては，2000 年代に入って関連する研究が急増している。たとえば，ソシエールたち（Saucier et al., 2007）は，特性には状況・行動的特性が含まれるとする考え方のもとに，77 の大学の学生から 7,000 を越える状況記述を抽出し，日

常的な状況として分類を行った結果，場面，関係性，行為，受動的体験過程
という，ほぼこれまでの状況分類に該当する 4 カテゴリを得ている。また，
ヤンたち（Yang et al., 2009）は，理論的・実証的な状況研究の増加が見ら
れることを指摘し，ミルグラム（Milgram, 1965）による，状況に関する根
源的理論が必要とする主張を背景に，①状況の定義，②状況の分類，③人・
状況・行動間の関連性の追求を進める必要があると論じている。このうち状
況の定義に関しては，これまでの論議の中で，繰り返し心理的（認知的・主
観的）状況と名義的（物理的・客観的・生態学的）状況が区別されてきたこ
とを指摘し，状況の本質は，人のもつ目標をアフォードする性質にあり，状
況は目標の処理過程と目標内容によって特徴づけられると論じている。

　こうした論議の中で，ラウスマンたち（Rauthman et al., 2015）による論
考はきわめて重要な意味をもつと考えられる。ラウスマンたちは，2013 年に
ベルリンで開催された，ヨーロッパ性格心理学会での論議を基盤に，状況研
究に用いられる用語の整理を行い，「状況手がかり（situational cues）」，「状
況特徴（situational characteristics）」，「状況階層（situational classes）」を
区別している。「状況手がかり（要素，ユニット等）」とは状況の構成要素を
意味し，その中には，①人や関係性，ⅱ事物，ⅲ事象/行為，ⅳ場所，ⅴ時
間が含まれる。いわゆる 5 W（誰と〈Who〉，何を〈Which〉，どのように
〈What〉，どこで〈Where〉，どんなときに〈When〉）に対する回答となる
要素を意味する。これらの手がかりは「生の」遠方相の刺激であり，行動に
反映されるためには認知システムによって意味づけられる必要がある。「状
況特徴（性質，特徴等）」とは，そうした認知された手がかりのもつ心理学
的な意味を表し，全体として状況の心理的な「力」を構成する。すなわち，
人間の認知システムが状況的情報をどのように処理し，状況をどのように記
述するかを意味する。以下で紹介する状況認知や状況分類の枠組は，こうし
た状況特徴に注目した整理枠として位置づけられる。最後に「状況階層（カ
テゴリ，タイプ等）」とは，分類枠によって構成された状況のまとまりやグ
ループを意味する。すなわち類似した手がかり（たとえば職場）や，類似し
た状況特徴（共通する分類特徴）を基盤とする状況分類にあたる。ラウスマ
ンたちは，「状況階層」の一例としてヴァン・ヘック（Van Heck, 1984）に
よる状況分類（堀毛，2014 参照）を挙げている。

　ラウスマンたち（2015）は，このように用語整理を行ったうえで，状況研究における 3 つの原理を提唱している。第一の原理は，「処理過程原理（process principle）」と呼ばれ，「状況は，少なくともひとりの個人によって処理され心理的に経験されることによってのみ『心理的重要性（psychological importance）』を獲得する」（p. 367）という考え方を意味する。人は 5 W で示されるような状況手がかりに注意を向け，選別し，評価し，意味づけ，組織化する。こうした処理過程は人の特性や社会的役割，感情や動機付けなどの心理状態の影響を受ける。ここでは処理の結果は心理的な状況特徴として把握され行動に反映され，相互作用する複数の人間の行動によって状況手がかりが変容し，それがまた処理過程に反映されるという循環モデルが提唱されている。第二の原理は「現実原理（reality principle）」と呼ばれ「どのような状況体験（状況認知）も，3 つのタイプの『現実』に基盤をもつ」（p. 368）とする考え方が主張されている。3 つの現実とは，物理的（physical）階層（環境にある手がかりが認知できるか否か），合意的（consensual）階層（状況手がかりの認知について他者と合意でき，意味が共有できるか，その解釈が社会的現実を構成できるか），そして特異的（idiosyncratic）階層（他者が認知・解釈できない手がかりを認知したり，合意的解釈とは別の解釈につながる手がかりを処理できるか）を意味する。ここでは状況体験が，社会規範やスクリプトを基盤とする他者との合意と，状況認知の個人内・個人間の相違によって規定され，人，状況，そして両者の相互作用による現実的な相違を生み出すことが論じられている。第三の原理は「循環（circularity）原理」と呼ばれる。これは，状況要因と人要因を明確に区別することが必要とする考え方であり，以下の 3 つの系（corollary）から構成される。

(1) 状態系（state corollary）　　「人の精神的あるいは行動的状態は状況それ自体の一部とは見なさない」（p. 371）とする考え方。いわゆる人の認知によって構成される主観的状況と，客観的・物質的状況を区別する基本的な系であると考えられる。

(2) 結果系（consequences corollary）　　「循環性は精神的・行動的状態に対する結果（現実にも潜在的にも）に基づく事後の説明あるいは状況定義によってもたらされる」（p. 371）とする考え方。たと

えば，「刺激的状況」という見方は，そこに存在する人々が興奮していることではなく，事後の説明や基盤にある機能・過程によって説明されねばならない（興奮させる刺激の存在など）とする主張である。

(3) 近似系（approximation corollary）　「状況特徴の評定は，人が状況をどのように評価するかに依存する」（p. 371）とする考え方。ここで評定者は，状況内に存在し，個人的経験により評価を行う場合と，客観的な観察者として評価を行う場合，そして実験者のように状況に直接かかわらず外部から評価を行う場合が存在するとされる。

　ラウスマンたちは，こうした複数の視点を意識しながら状況研究を進める必要があると論じ，状況のサンプリングが，複数の人間の日常生活に関し，近似系で示されるような評定方法により，多様な状況について，多様な分析方法により（個人間，個人内，横断的，縦断的など），複数の集団について行われるべきと主張している。この論文は *European Journal of Personality* の 29 巻 3 号に Target Article として掲載された論文であり，多くの研究者がコメントを寄せている。たとえばアッセンドルフ（Asendorpf, 2015）は，こうした考え方が状況にとどまらず環境という問題にも適用できること，ドネランとコーカー（Donnellan & Corker, 2015）は，状況分類の確立の必要性と実験的手法により状況的手がかりが行動の原因となることの保証を示す必要があること，などさまざまな視点から指摘がなされているが，全般にこの論文を「状況研究のランドマーク（Mroczek & Condon, 2015）」として評価する見解が多い。ここでコメントを寄せた研究者を中心に，*The Oxford Handbook of Psychological Situation* が編纂されていることも注目される（Rauthmann et al., 2017）。そうした意味で，この論考は状況研究の重要性に再度光をあてた業績として注目すべきであろう。

第 4 節　状況認知研究の進展

　さらに，ホルストマンたち（Horstmann et al., 2018）は，ラウスマンた

ちの指摘を受けて進展してきた状況分類や状況認知研究のレビューを行っている。この論文では，状況分類について 26 の研究が紹介され，2000 年以前の研究と，それ以降の研究という 2 つのクラスタが存在することが論じられている。前者に関しては，クラーエ（Krahé, 1992）や堀毛（1996）で紹介されているのでここでは省略するが，ホーガン（Hogan, 2009）の指摘にもあるように，こうした研究の中で，状況評価のツールとして定着したものは存在しなかったとする見方が一般的である。これに対し，ミレニアム以降の研究，とりわけ 2015 年以降の研究では，注目すべき状況評価尺度や背景となる理論がいくつか提案されている。

1.　DIAMONDS（situational eight : Rauthmann et al., 2014）

　ファンダー（Funder, 2008）のリバーサイド RSQ 法（堀毛，2014 参照）を基盤とする状況分類である。RSQ は，パーソナリティ測定に用いられるQ 技法（パーソナリティに関する 100 の記述を 9 段階の正規分布になるよう分類する技法：Block, 1961）と同様に，その日に体験した状況について，89 の記述（ver 3.15）を，「その状況の特徴ではない」から「状況の特徴としてよくあてはまる」までの 9 つのボックスに正規分布になるよう配置を求める技法である。ラウスマンたち（2014）は，その日の午後 7 時前に体験した状況(注 1) や 24 時間以内に体験した状況について，7 種類の属性の異なる集団 1,589 名に対し，Q 分類技法やリッカート・タイプの評定法で評定を求め，因子分析により解析を行った。その結果，最適解として 8 因子解が採用され，それぞれ①義務（Duty：その状況でしなければならない仕事がある，など），②知性（Intellect：その状況は知的あるいは認知的刺激を含んでいる，など），③逆境（Adversity：その状況では批判を受ける可能性がある，など），④配偶（Mating：その状況には恋愛の対象となる相手が存在する，など），⑤ポジティビティ（pOsitivity：その状況は楽しい，など），⑥ネガティヴィティ（Negativity：その状況は不安をかき立てる，など），⑦欺瞞（Deception：その状況では誰かをだますことができる，など），⑧社会性（Sociality：その状況では社会的交流をもつことができる，など）と命名した（頭文字をとって DIAMONDS と呼ばれる）。評価尺度としては，各因子について 4 項目からなる RSQ-8 と呼ばれる尺度が構成されており，内容は

PsycTESTS にも登録されている。

2.　CAPTION（Parrigon et al., 2017）

　辞書的アプローチによって状況表現語を分類した結果から構成された尺度である。辞書的アプローチは，ゴールドバーグ（Goldberg, 1981）がビッグ・ファイブの抽出に用いた技法として知られているが，「人間の活動において重要な意味をもつ個人差は，日常使用している言語（自然言語）として符号化されている」とする基本辞書仮説と呼ばれる考え方を基盤に，状況特徴についても，重要な特徴を辞書的データベースから抽出し分類しようとする試みを指す。これまでの試みとして，ヴァン・ヘック（1984）の分類がよく知られている（堀毛，1996，2014 参照）。この他にも，テン・バージとデ・ラード（Ten Berge & De Raad, 1999, 2001），エドワードとテンプルトン（Edward & Templeton, 2005）の分類や，ヤンたち（Yang et al., 2006）の中国における分類など，いくつかの先行例がある（注 2）。パリゴンたち（Parrigon et al., 2017）は，これらの研究で用いられたサンプル数が少ないことを問題にし，1900～2007 年の映画や TV ドラマの字幕 5,100 万語のデータベース（SUBTLEXUS）から抽出した 10,325 の状況表現形容詞を用い，さらに「この状況は……」または「これは……状況」という表現にあてはまる 4,210 の形容詞を抽出したうえで 4 人の評価者により分類を行い，意味的なわかりやすさの評定や，類義語のまとめなどを行った結果，最終的に 851 語を抽出した。これらについて，質的な議論による統合や，体験した状況へのあてはまりに関する評定を突き合わせた結果，最終的に 7 つの因子から構成される評定用語（形容詞）を抽出した。それぞれの因子は，①複雑性（Complexity：認知的・感情的に複雑な状況：学術的，知性的，など），②逆境（Adversity：困難でエネルギーを消耗する状況：疲弊する，うんざりする，など），③ポジティブな誘因（Positive valence：ポジティブな活気をもたらす状況：愛すべき，心温まる，など），④典型性（Typicality：共通性が高く直接的〈新奇で曖昧ではない〉な状況：通常の，一般的，など），⑤重要性（Importance：目標達成を導く状況：有用な，効果的，など），⑥ユーモア（humOr：ユーモアのある気軽な状況：ユーモラスな，間の抜けた，など），⑦ネガティブな誘因（Negative valence：ネガティブな負担をもたら

す状況：不快な，卑劣，など）と命名されている（頭文字をとって CAP-
TION と呼ばれる）。パリゴンたちは，各因子について 10 項目，合計 70 項
目からなる評定尺度を構成している。

3.　Situation 5（Ziegler et al., 2019）

　同じく辞書的アプローチによる状況表現語の分類だが，基本的な目的とし
て状況認知傾向と同時にパーソナリティ指標としての状況への反応も同時に
測定するように開発された尺度である。まず，ドイツ語の辞書から状況評定
にふさわしいと考えられる 15,679 の形容詞を選定し，数人の評定者により，
評定語としての適切性や意味的な有用性，類似性などを検討し，最終的に
300 語のリストを作成した。521 人の評定結果について探索的・確証的因子
分析を行った結果，以下の 5 因子からなる評定用語が抽出された。①結果期
待（outcome-expectancy：専門的，自信のある，など），②活気（brisk-
ness：生き生きした，元気な，など），③心理・身体的負荷（psychological
and physical load：いらいらする，厄介な，など），④刺激欠如（lack of
stimuli：退屈な，味気ない，など），⑤認知的負荷（cognitive load：心の痛
む，厳しい，など）。ツィーグラーたち（2019）は，これらの 5 因子 39 項目
からなる尺度を Situation 5 と命名している。一方でツィーグラーたちは，
先の目的に沿って，労働・採用状況に限定した 5 つの特性と Situation 5 を
同時に測定できる B5PS（Big Five of Personality in〈Occupational〉Situa-
tions）と呼ばれる尺度も開発している。

　以上 3 つの分類法は辞書や状況記述を基盤としたボトム・アップ的なアプ
ローチによる分類で，この他に，ヘブライ語を用いた辞書的な状況分類（Sit-
uation 6）なども考案されている（Oreg et al., 2020）。一方で，理論的立場
から導出されたトップ・ダウン的な分類法も考案されてきた。主要な分類枠
としては，SAAP と SIS が知られている。

4.　SAAP（Brown et al., 2015）

　進化理論を背景に考案された状況分類。ケンリックたち（Kenrick et al.,
2010）は，進化に基づく適応問題が人々の基本的な動機付けを構成してきた

とする「基本的動機枠組説（Fundamental Motive Framework）」を提唱している。この立場では，ケンリックたち（Kenrick et al., 2003）の指摘する少なくとも7つの動機が，基本的動機として現代社会でも重要な意味をもつと主張する。ブラウンたち（2015）は，これらの動機が現代の人々の状況認知や状況選択にも重要な意味をもつと仮定し，適応問題に関する状況的アフォーダンス（Situational Affordances for Adaptive Problems：SAAP）測度を開発した。具体的にはニールたち（Neel et al., 2016）の提唱する66の基本的動機枠組項目を参考に，85の状況評定項目を作成し，web調査により，過去24時間内に体験した状況が，それぞれの特徴にあてはまるかどうか評定を求めた。ここから因子分析結果等を基盤に，7因子について4項目ずつ合計28項目にまとめたものがSAAP尺度である。因子の内容は，①親和（affiliation：他者と協力することが重要だ，など〈基本的動機論では連合形成とも呼ばれる〉），②地位（status：地位や立場が重要だ，など），③自己保全（self-protection：自分自身を守る必要がある，など），④配偶者選択（mate seeking：ロマンティックな関係を始める機会となる，など），⑤配偶者維持（mate retention：ロマンティックな関係性を維持することが重要だ，など），⑥疾病回避（disease avoidance：病気にかかることを避けることが重要だ，など），⑦親族配慮（kin care：親族の面倒を見る必要がある，など），から構成される。いずれも，「この状況では……」という言葉を冒頭に添付し，5段階で評定を行う。

5.　SIS（Gerpott et al., 2018）

　相互依存理論を基盤とした状況評定尺度。ジャーポットたち（Gerpott et al., 2018）は，社会心理学領域でも「個人の状況認知について状況の特徴を理論的に定めた研究は極めて少ない」（p. 716）と指摘し，ケリーたち（Kelley et al., 2003）の相互依存理論に基づく対人関係地図（Atlas of interpersonal situations）（堀毛，2014参照）を基盤とする状況認知の尺度化を試みている。この考え方は，二者間の相互作用状況を21の相互作用マトリックスとしてまとめ，さらにケリーたちの考え方に従い6つの関係性に分類したもので，相互作用の特徴を示す72項目の尺度を基盤に改変を繰り返し，結果的にまとまりの悪かった協調性因子を除く5因子30項目からなる尺度が構成さ

れている。内容としては，①相互依存（mutual dependence：それぞれがこの状況で行うことが相手に影響を与える，など），②葛藤（conflict：この状況における好ましい結果は互いの葛藤を引き起こす，など），③将来的相互依存（future interdependence：この状況における現在の行動のしかたが将来の結果につながるだろう，など），④情報的確実性（information certainty：われわれはどちらもこの状況において相手が何を望むかよくわかっている，など），⑤パワー（power：この状況においてそれぞれの結果を決める力をもつのは誰か，など）。いずれも 5 段階の評定尺度とされているが，最後のパワー因子については，「他者か自己か」を 5 段階で回答する方法が提案されている。また，10 項目からなる短縮版も紹介されている。

第 5 節　状況認知研究の将来性

　前節のように数多くの状況認知研究が進展しているが，これらの研究には，①妥当性の検討として，互いの分類結果を用いるだけでなく，パーソナリティ測度などとの関連が論じられていること，②ひとつひとつの研究が膨大なデータを基盤としており，分析にも文化的相違を含め複数のサンプルを用いた検証など相当の努力が費やされ，将来的な発展が期待されること，という 2 つの特徴があると考えられる。

　第 1 点に関しては，たとえば DIAMONDS では，ヴァン・ヘック（1984）による状況分類や，他のこれまでの状況分類との比較による妥当性の検討が行われ，社会性やポジティビティ次元と親密性など該当する分類の間に高い相関が見られることが明らかにされている。またパーソナリティ次元との関連についても，DIAMONDS がビッグ・ファイブの各次元を .72〜.39 という決定係数（自由度調整済み）で予測することが示されている。CAPTION についても，典型性を除く 6 次元が，DIAMONDS やヴァン・ヘックの状況分類と .30〜.70 の関連性を，ビッグ・ファイブや HEXACO（ビッグ・ファイブに第 6 因子として「正直さ」を加えた特性分類），感情，動機尺度と .30〜.50 の相関を示すことが明らかにされている。Situation 5 も妥当性の検討にビッグ・ファイブを用いており，さらに SAAP や SIS も DIAMONDS や HEXACO などとの相関を検討し，いずれもある程度の関連が認められるこ

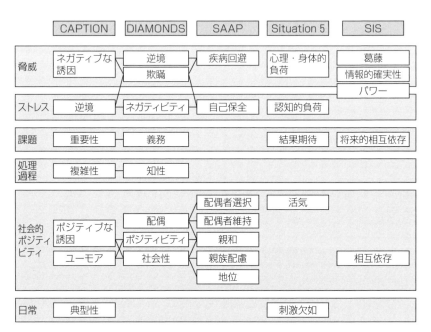

図3-3　状況分類枠のまとめ（Horstmann et al., 2018）

とを示している。すなわち，今回取り上げた状況分類・状況認知は，「パー
ソナリティそのものに関する理解を深めるための研究」（Hartley et al.,
2017, p. 1）でもあり，人と状況の相互作用の様相を具体的に明らかにする
道具として用いることができると考えられる。

　第2点に関しては，ホルストマンたち（Horstmann et al., 2018）やラウ
スマンたち（Rauthmann et al., 2019）が，これらの枠組を統合する必要性
を論じている。図3-3は，ここで紹介した5つの分類が提唱する因子の共通
性を整理したものである（Horstmann et al., 2018）。それによれば，共通す
る次元として，①脅威（threat：主として外的な源泉により脅威であると認
知される状況），②ストレス（stress：主として内的な要因によりストレス
フルであると認知される状況），③課題（task：将来がかかっているような
仕事や勉強など重要な成果が求められる状況），④処理過程（processing：
思考・分析など知的な作業が求められる状況），⑤社会的ポジティビティ
（social positive：他者との相互作用や関係性を含む広範な内容が含まれる状

況），⑥日常（mundane：刺激が少なく，退屈でありふれたものと認知される状況），という6つの次元が存在するとされている（図3-3）。

　こうした試みは，ビッグ・ファイブに対応する状況認知次元として整理される可能性があり，関連する研究に共通する枠組として，今後より洗練され発展してゆくものと思われる。また社会的認知論研究でも，たとえばCAPS理論が重視するIF-Then（行動指紋）の整理枠として利用できる可能性があり，人と状況の相互作用研究にとって興味深い展望をもたらしている。

　今回紹介してきた研究は，いずれも人と状況の相互作用に関する統合的な視点の構築を目指す論考であり，これまでの立場に比べ，以下の諸点において具体的な発展可能性を有する研究であると見なすことができる。ⅰ具体的な測度がないとされてきた状況研究や相互作用論の弱点を補完できる可能性がある。ⅱ特定の状況研究にも，広範な状況研究にも適用可能であり，さまざまな応用研究を生み出す可能性がある。ⅲ相互作用論で重要性が指摘されてきた力動的・縦断的相互作用研究にも適用できる。ⅳ特性論ばかりでなく，社会認知論的なアプローチ（たとえば行動指紋）にも適用可能である。また，ここでは紹介できなかったが，状況選択問題や状況の強さに関する論議，そして新たな研究手法（たとえばヴァーチャル・リアリティやモバイル・センシングなど）を活用した研究なども考案されており（Rauthmann et al., 2017参照），今後の心理的状況研究の発展が期待される。

■注

注1　午後7時前という時間設定に関してはRSQを用いた全世界的データによる状況研究の国際比較が発表されている（Guillaume et al., 2015）。

注2　日本でも筆者による場面や関係性に関する辞書的分類が行われている（堀毛，2000；Horike, 2001）。

■謝辞

　本稿の作成にあたっては，科学研究費補助金（基盤研究(C)平成31年度〜平成34年度：課題番号19K03198）の助成を受けた。

■引用文献

安藤清志（1981）．社会行動の研究におけるパーソナリティ変数の役割について 東京大学教養学部人文科学科紀要，**72**，113-138.

Asendorpf, J. B.（2015）. From the psychology of situations to the psychology of environments. *European Journal of Personality*, **29**, 382-383.

Block, J.（2008）. *The Q-sort method in personality assessment and psychiatric research* （rev. ed.）. Washington, DC: American Psychological Association ［Original edition published 1961］.

Blum, G. S., Rauthmann, J. F., Gollner, R., Lischetzke, T., & Schmitt, M.（2018）. The nonlinear interaction of person and situation（NIPS）model: Theory and empirical evidence. *European Journal of Personality*, **32**, 286-305.

Blum, G. S., & Schmitt, M.（2017）. The nonlinear interaction of person and situation（NIPS）model and its values for a psychology of situations. In J. F. Rauthmann, R. A. Sherman & D. C. Funder（Eds.）, *The Oxford Handbook of Psychological Situations*. Oxford Handbook Online.

Brown, N. A., Neel, R., & Sherman, R. A.（2015）. Measuring the evolutionarily important goals of situations: Situational affordances for adaptive problems. *Evolutionary Psychology*, **13**, 1-15.

Donnellan, M. B., & Corker, K. S.（2015）. The science of situations and the integration of personality and social psychology. *European Journal of Personality*, **29**, 388-389.

Donnellan, M. B., Lucas, R. E., & Fleeson, W.（2009）. Introduction to personality and assessment at age 40: Reflections on the legacy of the person-situation debate and the future of person-situation integration. *Journal of Research in Personality*, **43**, 117-119.

Edwards, J. A., & Templeton, A.（2005）. The structure of perceived qualities of situations. *European Journal of Social Psychology*, **35**, 705-723.

Endler, N. S., & Magnusson, D.（1976）. Towards an interactional psychology of personality. *Psychological Bulletin*, **83**, 956-974.

Fleeson, W., & Jayawickreme, E.（2015）. Whole Trait Theory. *Journal of Research in Personality*, **56**, 82-92.

Fleeson, W., & Noftle, E. E.（2008）. Where does personality have its influence? A supermatrix of consistency concepts. *Journal of Personality*, **76**, 1355-1386.

Fleeson, W., & Noftle, E. E.（2009）. In favor of the synthetic resolution to the person-situation debate. *Journal of Research in Personality*, **43**, 150-154.

Funder, D. C.（2006）. Towards a resolution of the personality triad: Persons, situations, and behaviors. *Journal of Research in Personality*, **40**, 21-34.

Funder, D. C.（2008）. Persons, situations, and person-situation interactions. In O. P. John, R. W. Robbins & L. A. Pervin（Eds.）, *Handbook of personality: Theory and research*. 3rd ed. New York: Guilford. pp. 568-580.

Funder, D. C.（2009）. Persons, behaviors and situations: An agenda for personality psychology in the postwar era. *Journal of Research in Personality*, **43**, 120-126.

Gerpott, F. H., Balliet, D., Columbus, S., Molho, C., & De Vries, R. E.（2018）. How do people think about interdependence? A multidimensional model of subjective outcome interdependence. *Journal of Personality and Social Psychology*, **115**, 716-742.

Goldberg, L. R.（1981）. Language and individual differences: The search for universals in personality lexicons. In L. Wheeler（Ed.）, *Review of Personality and Social Psychology*. vol. 2. Beverly Hills, CA: Sage. pp. 141-165.

Guillaume, E., Baranski, E., Todd, E., Bastian, B., Bronin, I., Ivanova, C., Cheng, J. T., de Kock, F. S., Denissen, J. J. A., Gallardo-Pujol, D., Halama, P., Han, G. Q., Bae, J., Moon, J., Hong, R. Y., Hřebíčková, M., Graf, S., Izdebski, P., Lundmann, L., Penke, L., Perugini, M., Costantini, G., Rauthmann, J., Ziegler, M., Realo, A., Elme, L., Sato, T., Kawamoto, S., Szarota, P., Tracy, J. L., van Aken, M. A. G., Yang, Y., & Funder, D. C. (2015). The World at 7:00: Comparing the experience of situations across 20 countries. *Journal of Personality*, **84**, 493-509.

Hartley, A. G., Jayawickreme, E., & Fleeson, W.（2017）. Organizing situation characteristics by their influences on Big Five states. In J. F. Rauthmann, R. A. Sherman & D. C. Funder（Eds.）, *The Oxford Handbook of Psychological Situations*. Oxford Handbook Online.

Hogan, R.（2009）. Much ado about nothing: The person-situation debate. *Journal of Research in Personality*, **43**, 249.

堀毛一也（1989）．社会的行動とパーソナリティ　大坊郁夫・安藤清志・池田謙一（編）．社会心理学パースペクティブ1　誠信書房　pp. 207-232.

堀毛一也（1996）．パーソナリティ研究への新たな視座　大渕憲一・堀毛一也（編）．パーソナリティと対人行動　誠信書房　pp. 188-209.

堀毛一也（2000）．特性推論における状況分類枠の検討（1）　日本社会心理学会第41回大会発表論文集，248-249.

Horike, K.（2001）. Toward a lexical taxonomy of social situation. The 4th conference of Asian Association of Social Psychology.

堀毛一也（2014）．パーソナリティと状況　唐沢かおり（編著）．新　社会心理学：心と社会をつなぐ知の統合　北大路書房　pp. 71-91.

Horstmann, K. T., Rauthmann, J. F., & Sherman, R. A.（2018）. Measurement of situational Influences. In V. Zeigler-Hill & T. K. Shackelford（Eds.）, *The Sage Handbook of Personality and Individual Differences*. Los Angeles: Sage. pp. 280-292.

Kelley, H. H., Holmes, J. G., Kerr, N. L., Reis, H. T., Rusbult, C. E., & Van Lange, P. A. M.（2003）. *An atlas of interpersonal situations*. Cambridge U. P.

Kenrick, D. T., Li, N. P., & Butner, J.（2003）. Dynamical evolutionary psychology: Individual decision-rules and emergent social norms. *Psychological Review*, **110**, 3-28.

Kenrick, D. T., Neuberg, S. L., Griskevicius, V., Becker, D. V., & Schaller, M.（2010）. Goal-driven cognition and functional behavior: The fundamental motives framework. *Current Directions in Psychological Science*, **19**, 63-67.

Kihlstrom, J. F.（2013）. The person-situation interaction. In D. Carlston（Ed.）, *The Oxford Handbook of Social Cognition*. Oxford University Press. pp. 786-805.

Krahé, B.（1992）. *Personality and social psychology: Towards a synthesis*. Sage.（堀毛一也（編訳）（1996）．社会的状況とパーソナリティ　北大路書房）

Magnusson, D., & Endler, N. S.（1977）. *Personality at the crossroads: Current issues in interactional psychology*. Hillsdale, N. J.: Erlbaum.

Marshall, M. A., & Brown, J. D.（2006）. Trait aggressiveness and situational provocation: A test of the traits as situational sensitivities（TASS）model. *Personality and Social Psychology Bulletin*, **32**, 1100-1113.

Mechelen, I. V., & De Raad, B.（1999）. Editorial: Personality and situations. *European Journal of Personality*, **13**, 333-336.

Milgram, S.（1965）. Some conditions of obedience and disobedience to authority. *Human Relations*, **18**, 57-76.

Mischel, W.（1968）. *Personality assessment*. New York: Wiley.（詫摩武俊（監訳）（1992）. パーソナリティの理論：状況主義的アプローチ　誠信書房）

Mischel, W.（1973）. Toward a cognitive social learning reconceptualization of personality. *Psychological Review*, **80**, 252-283.

Mishcel, W., & Shoda, Y.（1995）. A cognitive-affective system theory of personality: Reconceptualizing situation, dispositions, dynamic, and invariance in personality structure. *Psychological Review*, **102**, 246-268.

Mroczek, D. K., & Condon, D. C.（2015）. The role of time and change in situations. *European Journal of Personality*, **29**, 400-401.

Neel, R., Kenrick, D. T., White, A. E., & Neuberg, S. L.（2016）. Individual differences in fundamental social motives. *Journal of Personality and Social Psychology*, **110**, 887-907.

Oreg, S., Edwards, J. A., & Rauthmann, J. F.（2020）. The situation six: Uncovering six basic dimensions of psychological situations from the Hebrew language. *Journal of Personality and Social Psychology*, **118**, 835-863.

Parrigon, S., Woo, S. E., Tay, L., & Wang, T.（2017）. CAPTION-ing the situation: A lexically-derived taxonomy of psychological situation characteristics. *Journal of Personality and Social Psychology*, **112**, 642-681.

Rauthmann, J. F., Gallardo-Pujol, D., Guillaume, E. M., Todd, E., Nave, C. S., Sherman, R. A., Ziegler, M., Jones, A. B., & Funder, D. C.（2014）. The situational eight DIAMONDS: A taxonomy of major dimensions of situation characteristics. *Journal of Personality and Social Psychology*, **107**, 677-718.

Rauthmann, J. F., Horstmann, K. T., & Sherman, R. A.（2019）. The psychological characteristics of situations: Towards an integrated taxonomy. In J. F. Rauthmann, R. A. Sherman & D. C. Funder（Eds.）, *The Oxford Handbook of Psychological Situations*. Oxford Handbook Online.

Rauthmann, J. F., Sherman, R. A., & Funder, D.（2015）. Principles of situation research: Towards a better understanding of psychological situations. *European Journal of Personality*, **29**, 363-381.

Rauthmann, J. F., Sherman, R. A., & Funder, D. C.（2017）. *The Oxford Handbook of Psychological Situations*. Oxford Handbook Online.

Reis, H. T., & Holmes, J. G.（2018）. Perspectives on the Situation. In K. Deaux & M. Snyder（Eds.）, *The Oxford Handbook of Personality and Social Psychology*. 2nd ed. Oxford

Handbook Online.

Roberts, B. W.(2009). Back to the future: Personality and assessment and personality development. *Journal of Research in Personality*, **43**, 137-145.

Roberts, B. W., & Pomerantz, E. M.(2004). On traits, situations, and their integration: A developmental perspective. *Personality and Social Psychology Review*, **8**, 402-416.

佐藤達哉・渡邊芳之（1992）．「人か状況か論争」とその後のパーソナリティ心理学　東京都立大学人文学報，**231**，91-114.

Saucier, G., Bel-Bahar, T., & Fernandez, C.(2007). What modifies the expression of personality tendencies? Defining basic domains of situation variables. *Journal of Personality*, **75**, 479-503.

Ten Berge, M. A., & De Raad, B.(1999). Taxonomies of situations from a trait psychological perspective: A review. *European Journal of Personality*, **13**, 337-360.

Ten Berge, M. A., & De Raad, B.(2001). The construction of a joint taxonomy of traits and situations. *European Journal of Personality*, **15**, 253-276.

Van Heck, G. L.(1984). The construction of general taxonomy of situation. In H. Bonarius, G. L. Van Heck & N. Smid(Eds.), *Personality psychology in Europe: Theoretical and empirical developments*. Lisse, Netherlands: Swets and Zeitlinger. pp. 149-164.

Yang, Y., Read, S. J., & Miller, L. C.(2006). A taxonomy of situations from Chinese idioms. *Journal of Research in Personality*, **40**, 750-778.

Yang, Y., Read, S. J., & Miller, L. C.(2009). The Concept of Situations. *Social and Personality Psychology Compass*, **3**, 1018-1037.

Ziegler, M., Horstmann, K. T., & Ziegler, J.(2019). Personality in situations: Going beyond the OCEAN and introducing the Situation Five. *Psychological Assessment*, **31**, 567-580.

第4章 人間的成長をもたらす感情

感動の適応的機能

戸梶亜紀彦

第1節 『感動』の捉え方

　長い間気づかなかった新しい事実に気づいたり，素晴らしいと思える景色や芸術作品，非常に稀な自然現象，スポーツでの劇的なシーンを目の当たりにしたりしたときに，われわれは感動を覚えることがある。また，映画やドラマ，小説などを通して感動させられることもある。感動を伴った体験は非常に強烈な感情が喚起されるがゆえに，印象深くわれわれの記憶に刻まれることが多い。

　このように，感動は非常に強烈な感情であり，さらにさまざまな状況において喚起されることがあるにもかかわらず，2010年以前まではほとんど研究が行われてこなかった(注1)。その原因の主要なひとつとなったことは，感動をどのように定義すればよいのかという問題があったからであると考えられる。メニングハウスたち（Menninghaus et al., 2015）によれば，ラテンの修辞学や詩学の時代から現在に至るまで，人々の心を情緒的に動かす（感動させる）ことが詩学や芸術の主要な目的のひとつとなっており，この目的を達成するために多くの方法が提案されてきたが，感動という概念の意味するところは定義されなかったと述べられている。そして彼らは，18世紀の美学において，特に芸術の文脈において，感動（being moved）は否定的な感情を楽しむことについて議論する際の概念として頻繁に使用されたが，20世紀に入っても感動の概念は未だに定義されていないとしている。今日，洋の東西を問わず，多くの言語において感動を意味すると考えられる表現が使われている（Kuehnast et al., 2014）にもかかわらず，今もなお，統一的な定義はなされていない。たとえば，感動をドイツ語では *Rührung* または *Ergriffenheit*，オランダ語では *ontroering*，イタリア語では *commozione*，イ

ンドネシア語では *terharu*，ロシア語では *rastrogannost* または *vzvolnova-nost'*，セルビア語では *dirnutost*，ブルガリア語では *trognatost* または *umile-nie* という表現で示されているとされる（Kuehnast et al., 2014）。また，メニングハウスたち（Menninghaus et al., 2015）によれば，感動をドイツ語では *Bewegtsein*，オランダ語では *ontroering*，フランス語では *être ému*，インドネシア語では *terharu*，ロシア語では *vzvolnovanost'*，ブルガリア語では *umilenie*，セルビア語では *dirnutost* という表現で表されるとしている。

　初期の感動に関する研究では，詩をより美しいと感じさせる要因に関する検討が行われ，感動は審美的感情として扱われていたようである。しかしながら，われわれが感動という感情を喚起するのは，芸術作品などに触れたときに限定されているわけではなく，日常生活の中においてもしばしば感じることがある。

　一方，フライダ（Frijda, 2007）は感動と呼ばれる一群の強烈な情動を伴う曖昧な体験について「身体を虜にする」ような審美的感情としている。ある研究者らは感動をより大きな概念，あるいは情動の集合の一部として見なすフライダの考え方に追従しているが（たとえば，Batson et al., 1987；Haidt, 2000 など），他の研究者らは個別の感情として感動を概念化している（たとえば，Cova & Deonna, 2014；Menninghaus et al., 2015；Zickfeld et al., 2019a など）。また，感動については，研究者でも一般人でもポジティブな感情と捉える者もいれば，ネガティブな感情と捉える者もおり，あるいは両者をミックスした感情と捉える者もいる。このように，感動とは一意的に定まりにくい性質を持つ感情であるため，研究のターゲットになりにくかったと考えられる。さらに，感動について研究していく過程で直面する困難な側面は，仮に研究者が感動について操作的な定義を行ったとしても，感動という言葉が日常的に使用される言葉であるため，研究協力者が各々の解釈に基づいて反応してしまう可能性が高い点にある。

　上述したような扱いにくさや概念定義の難しさが，感動に関する研究を遅らせた大きな原因のひとつではないかと推察される。

第2節   感動研究の隆盛

　先に述べたような経緯があったなかで，タン（Tan, 2009）が *Companion to Emotion and the Affective Sciences*（p. 74）という書籍において，感情に関する1つの項目としてではあるが感動（being moved）について取り上げた。そこから感動という情動の存在について研究者の注目が集まりだし，欧米で感動に関する研究が行われるようになる契機となったと考えられる。実際のところ，2010年以降に感動に関する英語を中心とした外国語の文献数が増加しており，国際的にも感情研究における研究テーマのひとつとなっていったといえる。現在では，ドイツのマックスプランク経験美学研究所のメニングハウス（Menninghaus, W.）を中心とするグループが生理指標を使った実験的研究を行い，カリフォルニア大学の文化人類学者であるフィスク（Fiske, A. P.）とオスロ大学の心理学者であるザイプト（Seibt, B.）の研究グループが kama muta というサンスクリット語を感動の原点ではないかと考え，調査と映像刺激を用いた実験的研究を行っており，両グループが活発に感動に関する研究を展開している。

　メニングハウスを中心とするグループは，審美感情という観点から感動について研究に着手した。彼らの研究手法は，主に映画のシーンを編集した映像刺激を用いて，皮膚（立毛や鳥肌など）や表情筋の反応（皺眉筋や大頬骨筋などの筋電図による測定）に焦点をあてた研究を行い，感動がポジティブ感情とネガティブ感情の混合した状態であることを見出している（たとえば，Wassiliwizky et al., 2017）。それに対して，フィスクとザイプトの研究グループは being moved という表現ではなく，日常的に使用される用語の影響を受けない形で kama muta という言葉で感動の定義を行った研究を進めている。彼らによれば，kama muta とは人間関係の絆を通して感じられる感動（being moved by love）を指すとしている（Fiske et al., 2017）。彼らも映像刺激を用いて質問紙に回答させる方法で研究を進め，文化を越えて共通する心性としての感動について検討を行っている（Zickfeld et al., 2019a）。

　一方，わが国では海外での研究論文がほとんど存在しなかったなかで，心理学の領域での実証的な研究としては速水と陳（1993）や戸梶（1999b，

2001d）などにおいて感動に関する基礎的研究が蓄積されはじめた。速水と陳（1993）は動機づけの源泉のひとつとして感動体験を捉え，中学生，高校生，大学生を対象に自らを動機づけるような感動体験について調査している。ただし，この研究は感動体験を前提に行われた動機づけに関する研究であり，感動そのものに対する議論は含まれていない。わが国では感動体験が日常生活に浸透した一般的に存在する体験とされていることがうかがわれる。それに対して，戸梶（1999b）では感動をひとつの情動として研究対象としており，長野オリンピックでの日本の団体ジャンプ競技での金メダルに至る展開について分析し，感動喚起のメカニズムについて考察を行っている。さらに，戸梶（2001d）では，感情心理学の枠組みから感動の特殊性について議論し，当時の感動する映画についてストーリー分析を行い，感動喚起のメカニズムのモデルを提示している。これら以外にも，感動喚起に関する研究（橋本・小倉，2002；Tokaji，2003；加藤・村田，2013），感動体験の効果に関する研究（戸梶，2004，2012，2014a，2014b；佐伯たち，2006；畑下・瀬戸，2012），音楽聴取の感動に関する研究（大出たち，2011；安田・中村，2008）などが行われている。概して，感動という感情に関する詳細な議論は行わず，辞書的な定義やそれにプラスアルファの特徴を含めた形で研究が行われており，諸外国に比べると日常生活で喚起される感情のひとつとして考えられている傾向がうかがわれる。

第 3 節　感動の特徴と特異性

　わが国では，感動という感情の意味は一般的にも広く知られている。辞書で意味を調べると，広辞苑（第七版）では「深く物に感じて心を動かすこと」，大辞林（第三版）では「美しいものやすばらしいことに接して強い印象を受け，心を奪われること」，デジタル大辞泉では「ある物事に深い感銘を受けて心を強く動かされること」，精選版日本国語大辞典では「①強い感銘を受けて深く心を動かすこと，②人の心を動かしてある感情を催させること，③他からの刺激に反応すること。作用を受けること。また，動かすこと」とされている。これらの辞書的な意味から，感動とは「インパクトの強い事柄を通して心を強く動かされ，その結果としてその事柄に心を奪われる

こと」であると考えられる。すなわち，その人にとって強いインパクトのある事柄に心が揺さぶられ，その人の注意の処理資源のほとんどがその事柄に向けられることだといえる。

　感情心理学の領域では，感情は主に強度，持続時間および喚起される対象によって分類されている。感情の類型には，強度がそれほど強くなく比較的長く持続する気分（mood），強烈だが一過的な情動（emotion），精神的刺激（芸術，宗教，学問など）に対して生じる情操（sentiment）などがあるとされている（松山・浜，1974）。また，感情研究において感情に対する枠組みは，①喜び，悲しみ，怒り，恐れなどの類型化された特定の感情カテゴリーで捉えるアプローチ，②快-不快，興奮-鎮静，睡眠-覚醒といったいくつかの次元で捉えるアプローチ，③ポジティブ感情-ネガティブ感情の2次元で捉えるアプローチ，という3つのいずれかが採用されている。①の枠組みは進化論的アプローチの系譜であって，文化を越えて共通して保持しているとされる基本感情を想定した考え方が背後にあり，主に表情研究において用いられている。②については，主に生理心理学的研究や感情語研究において用いられている。③に関しては，社会心理学や認知・記憶研究において採用されている。

　この感情心理学の枠組みから感動という感情を考えてみると，強度は強烈であり，持続時間は比較的長く，また文学や音楽のような芸術関連の対象に対しても喚起されるため，気分，情動，情操のすべての性質を有していることから分類不能となってしまうことがわかるであろう。このように，感動は日常生活において喚起される感情として広く一般に知られているが，専門領域から見てもかなり特殊な感情なのである。

　さらに，感動に関しては興味深い調査結果がある。戸梶（1999a）は感動を経験した際に頻繁に含まれていると感じられる感情の種類について複数回答可として214名の大学生を対象に自由記述による調査を行った。その結果，図4-1に示されるように最も多く挙げられたのは喜び・嬉しさであったが，2番目に多かったのは悲しみ・哀しみであった。すなわち，ポジティブ感情が最も多かったが，2番目にはネガティブ感情が多く，しかも喜びと悲しみという対極の感情が上位を占めるという結果であった。この結果から，感動は単一の感情価で捉えることが困難であり，複数の感情との間に関連性

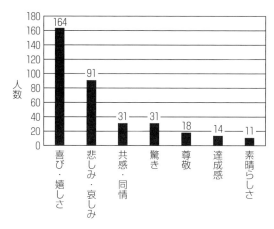

図 4-1　感動に含まれる感情カテゴリー（戸梶，1999a より）

を持つ非常に複雑な特徴を持った感情であることがわかるであろう。これは先述した研究者間でも意見の分かれている「感動はポジティブ感情なのかネガティブ感情なのか」といった議論に関わる結果であり，両者をミックスした感情と捉えることを支持する結果であると考えられる。

第4節　感動の類型化

　基本感情のような単一的な感情に比して，感動は複雑な性質があることを前節で述べた。この複雑さを整理しようとする試みが行われている。戸梶（2000b）は複数の感情を伴う可能性のある感動について，戸梶（1999a）の結果に基づき何の感情を主に伴うかによって類型化を試みた。すなわち，喜びを伴った感動，悲しみを伴った感動，驚きを伴った感動，尊敬を伴った感動の4類型である。これらの感情を主要な感情として伴うような感動喚起について検討した結果，多くの感動はストーリー性のある事柄を通して喚起されることが示唆された（戸梶，2000b）。

　われわれは自分が主体（当事者）となった一連の出来事によって感動を覚えることがあるが，映画や TV ドラマなど間接的に映像を見ることを通しても，そのストーリー展開によって感動することがある。これらのストーリーのプロセスを時系列で追っていくと，そのときどきにさまざまな感情が喚起

されながら，最終的な結末によって感動に至るという展開をとっていることがわかる。このように1つの感動体験をプロセスで捉えれば，感動が複数の感情の入り交じった体験となる理由が理解できるであろう。以下は，これまでの調査から多く挙げられた個人が当事者となった直接的な感動体験および映画や小説などのストーリー性のある内容で多く挙げられた第三者としての間接的な感動体験を対象として，4つの類型に沿って感動の特徴について分析した結果から得られた知見である。

　まず，喜びを伴った感動は，努力の末に目標を達成するという展開が典型的なストーリーのひとつとして挙げられている（戸梶，2001d）。その内容は，困難を乗り越え苦労をしながらも最終的には目標を達成するため，喜びの感情が強く喚起されつつ感動するという展開である。一方，悲しみを伴った感動は，死別・離別の内容を含んだストーリー展開が典型的なようである（戸梶，2001d）。内容的には，主要な登場人物同士の別れ（死別・離別）がクローズアップされるが，その時点で展開が終わってしまうのではなく，目的を達成していたり，明るい未来が訪れそうな希望を見出せたり，残された人に気持ちがしっかりと伝わったなど，どこか納得のいく部分のある終わり方をしていることが共通していた（戸梶，2000a，2001b，2001c，2001d）。また，喜びを伴った感動と悲しみを伴った感動の大きな違いは，前者は自身が当事者となった直接的な体験を含んでいるのに対し，後者はすべて第三者としての間接的な体験であったことである。主要な感情がポジティブである場合には，自分自身が当事者の体験であっても他者の体験の話であっても，われわれは出来事を比較的容易に受け入れることができるため感動できると考えられる。それに対して，主要な感情がネガティブである場合は，自分自身が当事者の体験であると死別や離別については悲しみが大き過ぎてすぐには受け入れる精神的な余裕がなく，強い悲しみに翻弄されてしまうと考えられる（戸梶，2000a，2001b，2001c，2001d）。第三者の立場でストーリー展開を認知することができる場合には，主要な感情として悲しみを感じながらも，客観的にあるいは俯瞰的に出来事を捉えることができるため，それまでの経緯の総合的な評価によって感動することができると考えられる。特に，映画やTVドラマなどは映像自体がフィクションや演技であるため，余計に精神的な余裕のある状況で出来事を捉えることができ，悲しい出来事を含ん

でいても感動を喚起しやすいと考えられる。

　次に，驚きを伴った感動には2つのタイプがあると考えられる。ひとつは既出の2つと同様に明確なストーリー性のある場合であり，もうひとつは文脈が存在するものの事象としては突発的な場合である（戸梶，2001d）。前者は喜びを伴った感動と類似しているが，主観的生起確率の低い事象で状況的にもほとんど実現が困難であろうと思われることが劇的な展開で生起するという場合である。これは映画やTVドラマよりも，スポーツなどの劇的なシーンに多く見られるようである。一方，後者はあるとき突然に遭遇したり気づいたりした「凄い」「綺麗な」「素晴らしい」などと形容される事象に対して喚起される感動である。自然の景観や芸術作品など，理屈ではなく感覚的に捉えられた印象に圧倒されるような場合である。これは後に述べるが英語圏のawe（畏怖）という感情に近いものだと考えられる。

　最後に，尊敬を伴った感動であるが，これは喜びや悲しみを伴った感動と多くの側面で同様のプロセスを経るが，それらとの相違点は主人公の行った行為に対してどのような評価が下されるかによると考えられる。すなわち，通常ではできないような素晴らしいことを実行した場合に尊敬を伴った感動になるとされる（戸梶，2000b）。ここで素晴らしいこととは，人並み外れた勇敢さ，忍耐強さ，愛情深さといった『人間性への尊敬』と，スポーツ，芸術，芸能などにおける非常に高度なテクニックの実現といった『技術・テクニックへの尊敬』に分けられる。さらに後者は，人物（選手，作者，演者など）の実行者に対して注意が向けられた場合に尊敬を伴った感動となり，事象（劇的な展開，作品，テクニックなど）に対して注意が向けられた場合には驚きを伴った感動になると考えられる（戸梶，2001d）。

　以上を概観すると，一定のストーリー性のある展開において紆余曲折があり，主要な（ピーク時の）感情が喜び，悲しみ，驚き，尊敬のいずれかを喚起させるという感動のパターンと，ストーリー性のない突発的な感動のパターンの2つに分けることができるであろう。4つの類型に共通したストーリー性がある場合の感動が喚起されるプロセスモデルを図4-2に示す。

　まず，自分自身の体験の場合には状況と人物については前提として把握されており，他者の場合には導入部分でこれらの理解が促され，物語の進行からテーマやゴールが示される。テーマは誰にでも理解できる，または経験の

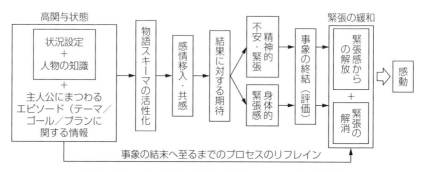

図4-2　包括的な感動の構造モデル（戸梶, 2001c を一部改変）

あるような成功，達成，愛情，友情などに帰着することが多いため，自身の
ことでなくとも高関与状態を生み出しやすいと考えられる。その後，ゴール
に向かって紆余曲折の展開があり，結果の出るまでの途上で感情移入や期待
などが生じつつ，ストーリー展開に合致しそうな物語スキーマ（ヒーロー／
ヒロイン・スキーマ，サクセス・ストーリー・スクリプトなど）が活性化さ
れる。心身の不安や緊張が上昇し，その状態が続いた後に納得のいく結果が
示される。そしてこのとき，その結果に対して当初からの展開を踏まえたう
えでの総合的な評価が行われ，それとともに心身の緊張緩和が生起する。こ
れらの認知的処理と身体的反応が一体となって生じることから感動という強
烈な情動反応が喚起されると考えられる。

第5節　感動に関連する感情と要因

　感動を研究している専門家らによって，感動に関連する個別の感情として
は，畏怖（awe），称賛（admiration），鼓舞（inspiration），共感，感傷（senti-
mentality），懐かしさ（nostalgia），痛ましさ（poignancy），高揚（elevation），
わくわく感（thrill），誇り，喜び，悲しみ，驚き，尊敬などが指摘されてい
る。これらのうち，欧米の研究では畏怖と称賛が多く指摘され，日本では喜
びと悲しみが多く指摘されており（戸梶, 1999a），文化差があると考えられ
る。また欧米では，感動は対人的親密さや道徳的行為に対してしばしば喚起
されるとされており（Seibt et al., 2017），日本では対人関係での愛情・友

情・思いやりなどから風景，音楽，スポーツ，自らの達成・成就などと多岐にわたっている（戸梶，1997，1998）。このように，文化差があるものの，大枠においては類似点が認められている。厳密にいえば，研究者の考え方に依存している面もあるといえるが，わが国での感動の捉え方が世界で最も広範な事象を包含した概念となっていると考えられる。

　ジックフェルドたち（Zickfeld et al., 2019b）によれば，日常的に英語を話す人たちは高揚（elevation）のことを感動（being moved もしくは touched）に含めて扱うことが一般的であり，また高揚は第三者視点からの道徳的な美（moral beauty）を目撃することによってのみ喚起されるとしている。援助行動，向社会的行動，利他的行動のように，他者のための良い行動を目撃したときに，われわれは心を打たれることがある。このように道徳的な美は感動を喚起する要因のひとつであると考えられる。

　同様に，赤ちゃんや小動物など可愛らしい（cute）存在もわれわれの心を動かすことがある。こちらは，ベビースキーマ（baby schema）と呼ばれており，身体に比べて大きな頭や短くて太い四肢，顔の中央よりやや下に位置する大きな目，丸みのある体型，ふっくらとした頬などの形状的な特徴を持つ対象に対して可愛さを感じるとされている（Lorenz, 1965）。ベビースキーマは上述したような形状を持つものに対して理屈抜きに感じる可愛らしさであり，自然の美しさや芸術作品から受ける印象などと同じく，われわれの感性に訴える感覚的な美しさや良さであり，そこには明確な理由はない。

　これらに共通することは，行為や対象をわれわれが素直に受け入れることができる，あるいは受け入れてしまうという点であろう。われわれにとって，良いこと，良いもの，美しいもの，可愛いと思えるものはすべて価値のあるものとなると考えられる。一般的に，われわれは価値のあるものを求め，そのような事象や対象に遭遇するとそれを受け入れ，良かったという評価とともに快の感情が喚起される。このように考えると，道徳性，価値観，志向性，美的感覚，可愛らしさなどといった受容できる対象や事象が感動喚起において重要な要因となっていると考えられる（注2）。

　個人を相互に独立した存在と見なし，自身の中の能力，才能，性格などで誇ることのできる属性を見出して自己実現を図ろうとする存在と捉える中流以上の欧米人が持つとされる相互独立的自己観に対して，われわれ日本人は

個人を他者と結びついた存在と捉え，相互依存的・協調的な関係性を維持しつつ自己の社会的存在を確認しようとする相互協調的自己観を持つとされる（北山，1994）。この文化的自己観の観点から感動を喚起するテーマについて推測すると，欧米では優れた実績を残した人の能力や才能に関する話に対して感動を喚起されるのに対し，日本では誰かの優れた実績が多くの人の支えや協力によって実現できたという話に対して感動がより強く喚起されると考えられる。それは，これらがそれぞれの価値観に合致し，良い，あるいは素晴らしい内容のエピソードとして捉えられるからである。日本では，震災や台風などの災害後の復興において，外部から多くの協力が行われ「絆」という言葉が好まれ，感動的なエピソードとして取り上げられている。これはまさに人と人とのつながり，協力して助け合うことに価値をおいているからであると考えられる。このように，感動という感情は社会心理学の領域においても研究対象とすべき重要な感情だといえる。

　また，前節でも述べたように主観的生起確率の低い出来事（ただし望ましいこと）の方が感動を強めることや，これと関連してプラス状態からよりプラス状態への変化よりもマイナス状態がプラス状態に変化するというように，評価の変化やギャップの大きさによる対比効果が作用するほど感動を強めることが示唆されている（戸梶，2001d）。

第6節　感動の意味・意義

　一般に，感情とは個体が環境に適応するためのプログラムであるとされている。恐れは危険な状況において逃走や回避といった行動をもたらし，その状況から免れて生命を保持する確率を高めることにつながる。怒りは目標に接近することを阻む障害を排除したり外敵を攻撃したりする行動をもたらし，目標への接近を可能にする。また，喜びや悲しみは対人関係において関係性を調整する機能を持つとされる。たとえば，嬉しいときに示されるほほえむ表情は相手に敵対心のないことを表示するシグナルとして認識されるため他者の接近行動を促し，幸福な気分のときには向社会的行動を促進させることが見出されており，関係性の構築や維持をもたらす可能性を高める。悲しんでいる人を見ることは，周囲に同情や心配する気持ちを喚起させ，慰め

や支援をもたらす可能性を高める。このように，感情には人や環境との関係を築いたり，維持したり，破壊したりする機能があり（Campos et al., 1989），対人関係や環境への適応にとって大きな意味があると考えられる。

　それでは，感動という感情はなぜわれわれに備わっており，どのような適応的機能をもたらしているのであろうか。感動は価値観や美的感覚などが関連していると考えられるため，人間以外の動物は持ち合わせない高等な感情であると考えられる。発達的な観点から考えても，幼い頃に客観的な総合評価を必要とする悲しみを伴った感動が喚起されるとは考えにくく，ある程度の概念の獲得や他者に対する理解が可能になってからではないかと推察される。

　戸梶（2001a）は幼稚園教諭 5 名にインタビュー調査を行い，園児たちが感動する場面について尋ねた。その結果，園児の感動する場面は主に生物の成長に伴った変化（植物の発芽，オタマジャクシに足が生える，動物の毛の変化など）や動物における人間と同じ特性（食事，排泄，出産など）に遭遇したときといった主に驚きを伴う感動であった。また，稀な体験，あるいは新しい体験（誕生日，お泊まり会，運動会；夕日，虹，凍った水たまりなど）などの回答も認められた。すなわち，主に「何かを発見する」ということをテーマとした事象が多く，生命現象，色彩，形態，質感といった側面について自らの感覚を通して感じ取った際の驚異，美しさに対して驚きを伴った感動が喚起され，それ以外にはその場の雰囲気からくる高揚感を通して喜びを伴った感動が喚起されていると考えられる。これらのことから，園児の年齢（4〜6 歳）の頃の感動は，新しい体験を印象深く受け止めることに寄与し，知識の増加を記憶に深く刻み込む働きをしている可能性が示唆される。

　成長とともにさまざまな知識が蓄積され，何かの発見による知識を増加させるような驚きを伴った感動体験は徐々に減少していくと考えることもできるが，むしろ知的好奇心の向上によってそれらが増加するとも考えられる。一方で，精神的成熟や社会性の発達に伴って抽象的な概念の獲得や他者理解の能力が高まり，さらにさまざまなことを実際に経験することでリアリティをもって他者の体験を受け止めることができるように多くのことを学習していくため，悲しみや尊敬を伴った感動を感じるようになっていき，社会的関

係を上手く築くことができるようになる助けとなるかもしれない。

第7節　感動の適応的機能

　われわれが記憶している体験は，通常，強い感情喚起を伴った出来事であると考えられる。すなわち，強烈な情動を伴う出来事は，その体験の鮮明な印象が長期にわたって記憶され，われわれの思考や認知，行動に影響を及ぼすと考えられる。このときの情動が恐怖や悲嘆などのネガティブなものであった場合，トラウマとなってその後の行動の制約や不適応につながることもあるが，感動はポジティブな情動だと考えられるため，なんらかの良い効果をもたらすことが予想される。

　これに関連した研究として，戸梶（2004）の調査がある。戸梶（2004）では「自分の何かを変えた感動的な出来事」について，大学生を対象に自由記述による調査が行われた。得られた回答を質問項目ごとにコーディングし，さらにその結果をKJ法で分類した結果のうち，感動による変化した事象（その出来事を通して何がどう変化したのか）について表4-1に示す。この結果から，感動による変化は，「動機づけの向上」という変化が最も多く，「認知的枠組みの更新」と「他者志向・対人受容」がそれぞれ3割弱の割合で生起することが示された。この調査は，大学生をサンプルとした少人数の標本調査であるため一般化は難しいかもしれないが，それぞれのカテゴリーで一定の割合の回答が得られていることから，感動が喚起されることの効果としては大別するとこれらの3つに集約されると考えられる。

　まず，動機づけの向上については，「自分の苦労が報われた」とするような，自身が当事者としての体験を記述した者が多く，感動を伴った成功体験には動機づけ向上の効果のあることが示唆された。それ以外にも「他者の頑張る姿・真剣に挑む姿とその後の結果に触発された」という間接的な体験による動機づけ向上の効果も認められた。自身の当事者としての成功体験が自信や自己効力感を高めるとする研究は多数報告されている。しかし，他者の頑張りが動機づけを高めるということに関してはほとんど研究が行われておらず，競争場面，協力場面，ライバル意識などに関する研究はあるものの，自分とは無関係の状況における何の関係性もない他者の頑張りが動機づけを

表 4-1 感動による変化した事象（戸梶，2004 より作成）

上位カテゴリー	変化事象	人数	％
動機づけ向上	やる気	19	20.9
	肯定的思考	9	9.9
	自立性・自主性	8	8.8
	自己効力感	4	4.4
	合　計	40	44.0
認知的枠組みの更新	思考転換	10	11.0
	視野拡大	10	11.0
	興味拡大	5	5.5
	合　計	25	27.5
他者志向・対人受容	人間愛	7	7.7
	関係改善	6	6.6
	寛容	5	5.5
	信頼	5	5.5
	利他意識	2	2.2
	合　計	25	27.5
	（その他）	1	1.1
	総　計	91	

高めることに関する研究はほとんど行われていない。これまでの感動喚起に関する議論から，無関係な他者の頑張りとその後の結果に触発されて感動し，動機づけを高めるには他者の頑張る姿勢を共感して受け入れ，自身の頑張りが足りないという反省が生じる必要があると考えられる。どうせ自分はダメだと考える人は，このような状況においてそもそも感動を覚えないであろう。このあたりのメカニズムについては，今後の検討の余地がある。

　次に，認知的枠組みの更新に関しては，戸梶（2001a）の幼稚園児を対象とした研究で見出された「発見をテーマとした感動」と同類の効果であると考えられる。ただし，大学生を対象とした調査であったためか「異なる考えや価値観に出会った（人・書籍など）」「新たな経験をした」という体験内容が多く認められた。大学生であるため幼稚園児よりも一定の知識を身につけているが，幼児期に比べて青年期では明らかに行動範囲が広がり，新しい出会いや体験の機会も格段に多くなることから，それまでの自分の枠を超えた刺激を受け，それを取り込んで内面的な成長を遂げていく過程での感動であ

ると考えられ、そのような出来事を深く心に刻み込む働きをしていると考えられる。

　最後に、他者志向・対人受容については、広い意味での「愛情や思いやりを感じた」という内容が多く、周囲の人からの暖かい想いを知り、それを受け入れることで心を強く揺さぶられる感動であると考えられる。他者からの愛情や思いやる気持ちに接することで、強いポジティブ感情が喚起されるだけでなく、頑なな心が和み、柔和な気持ちを生み出すことで他者を思いやる気持ちにつながっていくと考えられる。

　さらに、戸梶（2006a）では、15歳以上の750名を対象に戸梶（2004）と同じ質問項目でインターネット調査を行っている。年齢を5歳刻みで区分し、戸梶（2004）で見出された感動による3つの変化についての割合がどうなっているのかについて横断的調査ではあるが検討を行った。その結果を表4-2に示す。表4-2から、年齢区分を通じて最も多く挙げられたのは「認知的枠組みの更新」であり、常に3割以上を占めていた。特に50歳以上では4割を超えており、人間の知能的な発達が長く継続していることをうかがわせた。「動機づけの向上」は若い年齢区分に多く認められ、人間として最も伸びしろのある時期にあたると考えられることから、感動することで動機づけへの影響が出やすいのではないかと推察される。「他者志向・対人受容」

表4-2　感動による年代ごとの変化の内容とその占める割合（戸梶、2006aより作成）

年代	動機づけの向上	認知的枠組みの更新	他者志向・対人受容の促進	人数（N）
15〜19歳	58（38.2%）	55（36.2%）	23（15.1%）	152
20〜24歳	42（33.1%）	53（41.7%）	23（18.1%）	127
25〜29歳	10（17.9%）	29（51.8%）	16（28.6%）	56
30〜34歳	9（14.8%）	19（31.1%）	31（50.8%）	61
35〜39歳	9（16.7%）	23（42.6%）	21（38.9%）	54
40〜44歳	26（22.8%）	40（35.1%）	40（35.1%）	114
45〜49歳	9（18.0%）	17（34.0%）	22（44.0%）	50
50〜54歳	13（18.6%）	31（44.3%）	23（32.9%）	70
55〜59歳	13（29.5%）	20（45.5%）	5（11.4%）	44
60歳以上	2（9.1%）	13（59.1%）	2（9.1%）	22
計（名）	191	300	206	750

注：計は無回答および回答不備の者が含まれるため人数と一致しない。

に関しては，30～54歳の区分で3割以上と多く認められた。一般的な年齢的特徴からは，結婚，出産，仕事で部下を持つようになる，子どもが巣立つといった段階にあると考えられる。戸梶と田中（2004）では同様の調査から，25～54歳で最も多く挙げられた感動体験は出産と育児に関することであった。このことと合わせて考えると，親や上司という立場になってその気持ちが理解できるようになり，同時に上（老親や上司）と下（子どもや部下）の両年代に挟まれる頃であるため，気遣いをしたりされたりするなかで，周囲の人からのさまざまな想いを感じ取る時期にあるのではないかと推察される。

　以上のように，感動には動機づけの向上，認知的枠組みの更新，他者志向・対人受容といった3つの適応的機能があると考えられる。これらは，自分の能力を高め，社会生活を円滑に行うことに役立っていると考えられる。ただし，戸梶（2004，2006a）および戸梶と田中（2004）の調査は感動によって変化したことを尋ねたものであり，感動すれば常にこれらの変化があるということではない。感動喚起によって生起した十分条件としての効果であるため，これらの変化が必ず起きるということではない点は注意が必要である。また，同じような出来事によって同様の効果があるわけではなく，そのときの個人の懸案事項に対して機能する傾向のあることが示唆されている（戸梶，2004，2007）。

　感動に関する研究の蓄積は，海外でも行われるようになってきたとはいえ，まだそれほど多くはない。その意味では，フロンティアが広がっている研究領域だといえる。感動の適応的機能を考えると，人類にとって重要な示唆を与えてくれる研究領域である。フィスクとザイプトの研究グループが行っている kama muta の研究も，人類の平和のための研究と位置づけられている。今後は，わが国でもより多くの研究の蓄積が待たれる。

■注

注1　マーケティングの領域ではオリバーたち（Oliver et al., 1997）や，ラストとオリバー（Rust & Oliver, 2000）による顧客感動（customer delight）という概念に関する研究論文は存在するものの，邦訳としては感動となっている

が，感動というよりは顧客の満足をより洗練したものという概念的な主張と思考による論理的推論にとどまり，その後の科学的な展開はかなり後になってから，観光やスポーツ振興の領域において引き続き研究が行われている。

注2　関連した事例研究については，紙幅の都合から割愛するがいくつか文献がある（戸梶，2006b，2006c，2007，2009）。

■引用文献

Batson, C. D., Fultz, J., & Schoenrade, P. A. (1987). Distress and empathy: Two qualitatively distinct vicarious emotions with different motivational consequences. *Journal of Personality*, **55**, 19-39. https://doi.org/10.1111/j.1467-6494.1987.tb00426.x

Campos, J. J., Campos, R. G., & Barrett, K. C. (1989). Emergent themes in the study of emotional development and emotion regulation. *Developmental Psychology*, **25**, 394-402.

Cova, F., & Deonna, J. A. (2014). Being moved. *Philosophical Studies*, **169** (3), 447-466. https://doi.org/10.1007/s11098-013-0192-9

Fiske, A. P., Schubert, T. W., & Seibt, B. (2017). "Kama muta" or 'being moved by love': A bootstrapping approach to the ontology and epistemology of an emotion. In J. Cassaniti & U. Menon (Eds.), *Universalism without uniformity: Explorations in mind and culture*. Chicago, IL: University of Chicago Press. pp. 79-100.

Frijda, N. H. (2007). *The laws of emotion*. Mahwah, NJ: Lawrence Erlbaum Associates.

Haidt, J. (2000). The positive emotion of elevation. *Prevention & Treatment*, **3**. https://dx.doi.org/10.1037/1522-3736.3.1.33c

橋本巌・小倉丈佳 (2002)．青年期における感動体験と共感性の関係　愛媛大学教育学部紀要（第Ⅰ部　教育科学），**48**，57-73.

畑下真里奈・瀬戸美奈子 (2012)．大学生における感動体験が自己効力感に及ぼす影響　総合福祉科学研究，**3**，97-104.

速水敏彦・陳恵貞 (1993)．動機づけ機能としての自伝的記憶：感動体験の分析から　名古屋大学教育学部紀要（教育心理学科），**40**，89-98.

加藤樹里・村田光二 (2013)．有限の顕現化と社会的価値の志向性が悲しみを伴った感動に及ぼす影響　心理学研究，**84**，138-145.

北山忍 (1994)．文化的自己観と心理的プロセス　社会心理学研究，**10**，153-167.

Kuehnast, M., Wagner, V., Wassiliwizky, E., Jacobsen, T., & Menninghaus, W. (2014). Being moved: Linguistic representation and conceptual structure. *Frontiers in Psychology*, **5**, 1242. https://doi.org/10.3389/fpsyg.2014.01242

Lorenz, K. (1965). *Über tierisches und menschliches Verhalten*. München: Piper.（日高敏隆・丘直通(訳) (2005)．動物行動学Ⅱ（再装版）　新思索社）

松山義則・浜治世 (1974)．感情心理学 1：理論と臨床　誠信書房

Menninghaus, W., Wagner, V., Hanich, J., Eugen Wassiliwizky, E., Küehnast, M., & Jacobsen, T. (2015). Towards a psychological construct of being moved. *PLoS ONE*, **10**:

e0128451. https://doi.org/10.1371/journal.pone.0128451

Oliver, R. L., Rust, R. T., & Varki, S.（1997）. Customer delight: Foundations, findings, and managerial insight. *Journal of Retailing*, **73**, 311-336.

大出訓史・今井篤・安藤彰男・谷口高士（2011）．音楽聴取における「感動」の評価要因：感動の種類と音楽の感情価の関係　NHK 技研 R ＆ D，**126**，58-69.

Rust, R. T., & Oliver, R. L.（2000）. Should we delight the customer? *Journal of the Academy of Marketing Science*, **28**.
https://link.springer.com/article/10.1177/0092070300281008

佐伯怜香・新名康平・服部恭子・三浦佳世（2006）．児童期の感動体験が自己効力感・自己肯定感に及ぼす影響　九州大学心理学研究，**7**，181-192.

Seibt, B., Schubert, T. W., Zickfeld, J. H., & Fiske, A. P.（2017）. Interpersonal closeness and morality predict feelings of being moved. *Emotion*, **17**, 389-394. https://doi.org/10.1037/emo0000271

Tan, E. S.（2009）. Being moved. In D. Sander & K. R. Scherer（Eds.）, *Companion to emotion and the affective sciences*（p. 74）. Oxford University Press.

戸梶亜紀彦（1997）．感動に関する基礎的研究（1）　日本発達心理学会第 8 回大会発表論文集，227.

戸梶亜紀彦（1998）．感動に関する基礎的研究（2）　日本発達心理学会第 9 回大会発表論文集，30.

戸梶亜紀彦（1999a）．感動に関する基礎的研究（3）　日本発達心理学会第 10 回大会発表論文集，170.

戸梶亜紀彦（1999b）．「感動」に関する心理学的・認知科学的考察　日本認知科学会テクニカル・レポート「文学と認知・コンピュータ No. 1　認知文学論と文学計算論」，**29**，27-32.

戸梶亜紀彦（2000a）．感動に関する基礎的研究（5）　日本心理学会第 64 回大会発表論文集，884.

戸梶亜紀彦（2000b）．『感動』の種類と条件　日本認知科学会「文学と認知・コンピュータ」研究分科会第 9 回定例研究会発表予稿集，G2-3.

戸梶亜紀彦（2001a）．感動に関する基礎的研究（6）　日本発達心理学会第 12 回大会発表論文集，236.

戸梶亜紀彦（2001b）．人はなぜ，悲しくても感動するのか？　日本認知科学会第 18 回大会発表論文集，184-185.

戸梶亜紀彦（2001c）．感動に関する基礎的研究（7）：悲しみを伴った感動を喚起する物語の構造分析　日本心理学会第 65 回大会発表論文集，567.

戸梶亜紀彦（2001d）．『感動』喚起のメカニズムについて　認知科学，**8**，360-368.

Tokaji, A.（2003）. Research for determinant factors and features of emotional responses of "kandoh"（the state of being emotionally moved）. *Japanese Psychological Research*, **45**, 235-249.

戸梶亜紀彦（2004）．『感動』体験の効果について：人が変化するメカニズムについて　広島大学マネジメント研究，**4**，27-37.

戸梶亜紀彦（2006a）．感動体験をとおして変化するものとは？　日本発達心理学

会第17回大会発表論文集，265.

戸梶亜紀彦（2006b）．世間に感動を呼んだ事例の分析：ハルウララの事例　感情心理学研究，**14**，82-83.

戸梶亜紀彦（2006c）．物語に対する捉え方と感動の有無との関係について　日本認知科学会第23回大会発表論文集，414-415.

戸梶亜紀彦（2007）．感動のツボと自身の経験との関連性について　日本心理学会第71回大会発表論文集，902.

戸梶亜紀彦（2009）．物語に対する感動が喚起される認知処理メカニズムの検討　日本認知科学会第26回大会発表論文集，316-317.

戸梶亜紀彦（2012）．職務動機づけを高めた出来事に関する検討：達成と評価の体験について　現代社会研究（東洋大学現代社会総合研究所），**9**，33-42.

戸梶亜紀彦（2014a）．職務動機づけを高めた出来事に関する検討（2）：仕事への責任・組織での役割を自覚した体験について　東洋大学社会学部紀要，**51**，27-43.

戸梶亜紀彦（2014b）．感動体験を応用したワーク・モチベーションの効果的向上について　モチベーション研究（東京未来大学モチベーション研究所）Annual Report，**3**，48-56.

戸梶亜紀彦・田中徹（2004）．年代別にみた自分を変えた感動体験の特徴について　日本社会心理学会第45回大会発表論文集，398-399.

Wassiliwizky, E., Jacobsen, T., Heinrich, J., Schneiderbauer, M., & Menninghaus, W.（2017）. Tears falling on goosebumps: Co-occurrence of emotional lacrimation and emotional piloerection indicates a psychophysiological climax in emotional arousal. *Frontiers in Psychology*, **8**. https://doi.org/10.3389/fpsyg.2017.00041

安田晶子・中村敏枝（2008）．音楽聴取による感動の心理学的研究：身体反応の主観的計測に基づいて　認知心理学研究，**6**，11-19.

Zickfeld, J. H., Schubert, T. W., Seibt, B., Blomster, J. K., Arriaga, P., Basabe, N., Blaut, A., Caballero, A., Carrera, P., Dalgar, I., Ding, Y., Dumont, K., Gaulhofer, V., Gračanin, A., Gyenis, R., Hu, C., Kardum, I., Lazarević, L. B., Mathew, L., Mentser, S., Nussinson, R., Onuki, M., Páez, D., Pásztor, A., Peng, K., Petrović, B., Pizarro, J. J., Schönefeld, V., Śmieja, M., Tokaji, A., Vingerhoets, A., Vorster, A., Vuoskoski, J., Zhu, L., Fiske, A. P.（2019）. Kama muta: Conceptualizing and measuring the experience often labelled being moved across 19 nations and 15 languages. *Emotion*, **19**, 402-424. https://doi.org/10.1037/emo0000450 = Zickfeld et al.（2019a）

Zickfeld, J. H., Schubert, T. W., Seibt, B., & Fiske, A. P.（2019）. Moving through the literature: What Is the emotion often denoted being moved? *Emotion Review*, **11**, 123-139. https://doi.org/10.1177/1754073918820126 = Zickfeld et al.（2019b）

多様性を見渡し想定外を減らす

シュワルツ基本価値モデルの活用

片山美由紀

「研究テーマですか？　私は価値観の研究をしています」

　もしあなたが若手研究者で心理学系の研究会に出席し，初対面の心理学者にこう言われたとすれば，「え？」と一瞬ためらうかもしれない。口にはしないものの心の中で「なんだか古くさいテーマの研究しているのだな」と感じるかもしれない。価値観の研究は，昔々手をつけられ，もう一通り決着がついているはずなのに，と。

　若手研究者は，研究職ポストを得るためにし烈な競争に勝ち抜く必要がある。研究論文を量産する必要性に迫られるため研究テーマを小さく，アクセプトされやすくするのが通常である。そのような人に向けて書かれた若手研究者指南書『ヒラノ教授の論文必勝法：教科書が教えてくれない裏事情』（今野，2013）ではしかし，次のように薦めている。「同時に二つの研究テーマを追求するよう心掛けること」──デッドロックに乗り上げたときに煮詰まりの可能性を減らすからだという。

　いま現在研究者のあなたが取り組み，仕上げようとしているテーマとは別に，この章で紹介する「シュワルツ基本価値モデル」をぜひ記憶にとどめ，デッドロックに乗り上げたときには，自身のテーマを遠くから俯瞰するために活用していただきたい。

第1節　シュワルツ基本価値モデルへの関心の高さ／低さ

　図5-1は，本章で主に取り上げるシュワルツ基本価値観モデルの円環である。この"a circular continuum"に真鍋（2018）は「環状連続体」の訳語をあてている。またこのモデルの世界価値観調査(注1)等による検証については山崎（2016）に詳しい。

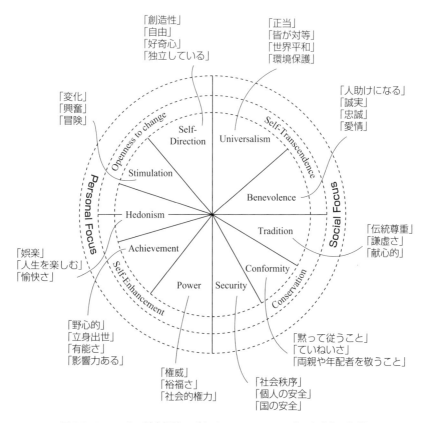

図 5-1　シュワルツ基本価値モデル（Schwartz, 2016 に基づき著者が作成）

　このモデル（1992 年版）はこれまでに，1 万 7 千超の引用がなされている（Google Scholar の引用数による）。日本（神奈川県横浜市）で 2016 年開催の国際応用心理学会でも，これをテーマとするワークショップやセッションは大変な盛況であった。このモデルによりいかに多くのことが明らかになったか，を，各国の研究者がまさに口泡を飛ばしながら，といった様子でそれぞれに発表していた。

　他方日本では，グローバル社会，ダイバーシティの言葉が飛びかう現在においても，価値観の網羅的多様性の研究がそれほど隆盛といえないのはなぜだろうか。ひとつの可能性として，人々の日頃の関心対象の狭さが影響しているかもしれない。まず次の質問に答えていただきたい。

「世界各地域の様々な政治・経済・社会のニュースが，日々報じられます。関心がある方もあまり無い方もあるでしょう。さて，次の5つのうち，あなたにあてはまると思うものを1つ選んで番号に○をつけてください。率直にご回答ください」

1.　これらのニュースを特に気にしていない。ニュースやSNSで偶然目にする程度
2.　このようなニュースを「気にしなくては」と思うが，実際には日常的／系統的なニュースチェックはしていない
3.　何かしらニュースを日常的／系統的にチェックしている。大人として時事問題の常識がある，といえる状態
4.　もし友人知人にこれらのニュースについて問われれば，要点も話せ，少し詳しい内容や背景も話せる
5.　これらのニュースのうち大きなトピック／論点について，何も見ない状態でも話すことができ，自分自身の見解を述べることができる。そして自分とは逆の（異なる）見解はどのようなものか，なぜ他のその人たちはそう考えるのか，も（予想して）解説できる

　……もしあなたの回答が「5」であれば，人々の多様性に対する日常的な関心が高く，それらを理解しようとする意欲も高いであろう。その帰結として図5-1の価値観モデルにも自然と関心をもったであろう。他方，回答が「1」や「2」だとすれば「価値観の網羅的多様性のモデル」といった一見抽象的なテーマにもおそらく興味がもてないであろう。いかがだろうか(注2)。

第2節　関心をもつ青年

　では20歳代位の若年層にとり，シュワルツ基本価値モデルは退屈きわまりない，円形の「時計の文字盤」にしか見えないのか，といえば，実態はそうではない。こう断言できるのは，大学生たちがこのモデルに高い関心を示す教室の実例を，筆者が実際に目にしているからである。
　筆者が教鞭をとる大学において，日本人学生および留学生（アジア・北

米・欧州・南米）に半期で2つの年度にわたり，このシュワルツ基本価値モデルの講義を行い，学生たちの様子を見てきた。ちなみにこの授業は，筆者の（流ちょうとはいえない）英語により行われた。授業ではエクササイズとして，図5-1の各価値タイプの人が発しがちなセリフを考えたが，日本人学生も留学生も，それぞれの国の言葉で「この価値タイプの人が口にしそうなセリフ」を次々と考えだせた。モデルの理解を現実社会につなげることは難しくない様子であった。

　そしてあるヨーロッパ中北部出身の男子学生は，モデルの説明を最初に聞いたとき，教室の中ほどの席に座りながら知的興奮が抑えられないといった様子で挙手し，着席したまま早口で発言し始めた。「モデルの定義によれば，万人万物尊重価値／Universalism は，知らない人／他人に対する親切な行動の基盤である。一方好意価値／Benevolence は，知人友人家族等，知っている人に対する親切な行動の基盤である。けれどもこれら2つは実は近く，また，重なってもいる」というのである。

　彼が次に言わんとすることが予想できるであろうか。こうである。「最初は万人万物尊重価値に沿って見知らぬ土地に赴き，見知らぬ相手へ援助活動を始める。けれども継続するうちに，当初は見知らぬ相手だった人が，ずっと知っている知人友人であるかのように感じられ始め，もはや万人万物尊重価値ではなく，好意価値に沿った援助活動を行っているように感じ始める」というのである。

　図5-1では，Universalism と Benevolence の間を区別するような実線が引かれている。けれどもモデルの理解が深いこの青年は，この2つの価値タイプの差異および同質性の両方を直感的に理解したのである。

　彼は父親の影響もあって数年来，国際ボランティアの組織（日本でも展開されている）に属し，見知らぬ人へのボランティア活動を通して，多様な人々に接してきた。だからシュワルツ基本価値モデルの説明を聞くだけですぐに強烈に触発されうる感性を持ち合わせるようになったのであろう。友人知人同士や家庭内での会話／ソーシャルディスカッションも，日々，彼の感性を育てたかもしれない。

　その青年はモデルについて "Super interesting !" と，興奮さめやらぬ様子で，授業後も授業教員である筆者のもとへ近づいてきて，モデルの理解深

化のための議論の続きを求めてきた。

第3節　1人の中に多様性を見出す：
無関心から継続／離脱まで

　筆者は，もとは無関心であった活動にコミットメント（関与）していく過程を"PIT-IN-OUT"モデルとして提唱している（片山，未発表）。最初の第1段階は"Pillow"（英語で「枕」の意味）であり，その対象（たとえばボランティア活動）に関心をもたず，自分とは無縁のものとして意識しない状態である。次の第2段階は"Interest"（関心）であり，その対象へわずかながらでも意識を向け始めた状態である。その次の第3段階は"Trial"（お試し）である。対象へと「関心」をもつだけの状態を乗り超え，お試しとはいえなんらかの行動を起こす「お試し」の段階に至るにはギャップがある。そしてこのギャップを気軽に飛び越え行動に至る人とそうではない人とが存在する。

　さて「お試し」を経て，その対象と継続的にコミットする段階を"IN"（継続中）という（第4段階）。たとえばボランティアを一定期間続けている状態である。あるいは，以前はまったく興味をもてなかったサッカー観戦に，継続的に行くようになった状態などもこれにあたる。しかしいずれはその活動をやめてしまう"OUT"（離脱）の第5段階がやってくる。一時は熱心に取り組んだ，人生後半まで継続できるような活動でも，そろそろ運転免許返納か，といったタイミングにもなれば，やめてしまうことになろう。

　このPIT-IN-OUTモデルは，新発売のお菓子を試してみる，といった小さなコミットメントよりはむしろ，コストが比較的高いコミットメント対象との関係の持ち方の分析に向いている。先に挙げた，クラスの留学生のボランティア活動のように。

　では"PIT-IN-OUT"モデルに沿い，シュワルツ基本価値モデルの表れ方を見てみよう。以下の例は「国境なき医師団」英語版ウェブページ内の，活動参加検討中の若者へのページ（Life on the frontline：最前線での生き方）の動画を参考にした（注3）。

(1) 第1段階：Pillow（枕）　　「自分が子どもの頃には，国際医療ボランティアなんて，そんなものに参加するなんて思ってもいなかった」。

(2) 第2段階：Inetrest（関心）　　「医学部で学び興味をもち始めた。けれども未知地域での活動で現場の様子もわからない（安全／個人）」。「社会的混乱や紛争のある地域は客観的に見て安全とはいえない（安全／社会）」。「自分の身も危険だ。家族や恋人から反対された（安全／個人）」。「でも，人生の中で滅多にできない貴重な経験になると確信もした（刺激）」。「知人や友人たちの反対理由はもっともだから悩んだ。気遣ってくれるアドバイスに反するのは申し訳なく感じた（好意価値／Benevolence）」。

(3) 第3段階：Trial（お試し）　　「思い切って試しに／トライアルで参加した活動で，信頼できる同僚となる友人を新たに得た。嬉しかった」（好意価値）。

(4) 第4段階：IN（継続中）　　「もちろんその後も悩んだ。でも自分が貢献できると確信がもてたから正式に活動することに決めた（自己指令／行動）」。「やりがいを感じた。自分らしさと自分の真価を発揮できる場だと感じた（自己指令）」。「自分の行動が人々の暮らしに影響を与えている。現地の人たちにも感謝されて，誇らしい気持ちになった（達成）」。「チームの一員として皆と協働する歓びを感じた（好意価値）」。「伝統を感じた。国境なき医師団は1971年以来の歴史を有し，1999年にノーベル平和賞を受賞している。その中で培われてきた伝統とスピリッツ。受け継いでいきたいと感じた（伝統）」。「ただしタフな仕事ばかりじゃないんだ。休みの日はあるし，仲間とパーティーをして励ましあい（好意価値），思い切り息抜きする日もあるよ（快楽）」。

(5) 第5段階：OUT（離脱）　　"Work Hard Play Hard"（よく学び／働き，よく遊べ）を実践するような継続期を過ごした青年であっても，いずれは「離脱」に至る。離脱は早い場合もあれば遅い場合もある。

第4節　調和的な場の中にも価値タイプの多様性を見出す

　図5-1の10価値タイプの外側の「　」内のセリフはシュワルツ（Schwartz, 2016）の本文（英語）キーワードを筆者が邦訳したものである。なお語の訳出に際しては著者がシュワルツの意図を推定し，かつ従来の公刊心理学論文および著者の実証データ分析の結果を踏まえ，かつ一般的な会話中でも使われがちな自然な日本語語句を意識しながら訳語の選定を行った。

　以下の例話は，シュワルツのモデルの測定語の表れ方が見られるよう，現代の家庭内でのやりとりを筆者が作成したものである。最初に，国内の複数の地域で，新型インフルエンザが流行したと仮定する。家庭内での会話を見てみよう。まず安全価値タイプに基づき子どもの親がこう言う。「安全第一。感染したら大変，人混みを避けよう」。何かの危機が個人または社会に及ぶ場合は，これは一般的な（多数派の）反応であろう。ところが小学生の子どもは聞こうとしない。快楽価値に沿った反応である。「楽しくない。感染しないよ。感染したらそのときに考えればいいよ。とにかく今日，僕たちを映画館に連れて行って！」。すかさず弟が刺激価値に沿い続ける。「毎日同じで変化が無くて飽き飽き。学校もお休みで外にも行けないなんて，もう退屈で我慢の限界！　僕も映画館に行きたい！」。

　このように，安全価値（親），快楽価値（子ども），刺激価値（子ども）が対立するなか，三世帯同居の祖母が登場する。好意価値／Benevolence タイプの祖母である。「何か手助けしてあげたいね。子どもたちの気持ちはよくわかるよ。そうだ，ホットケーキを焼こう。子どもたち，手を洗って，卵を割るのを手伝ってくれるかい？」。

　ところが台所に父親（伝統価値）が顔を出し驚く。「わが家の伝統が失われちゃ困る。お菓子づくりはおばあちゃん，子どもの役割はただ食べることだ」。子どもたちは伝統を振りかざす父親に真っ向から反対する。「とにかく今が楽しいのが一番！」（快楽価値），「退屈！」（刺激価値）。「わが家の伝統って一体いつから始まったの？」。父親が切り返す。今度は達成価値とパワー価値である。「いいか，男の子は小さい頃からもっと野望をもたないと。文句を言わずにとにかくオレの言うことをきけ。退屈なんだったら，将来に

向けて，もっと他にやることがいろいろあるだろう。勉強とか読書とか，家の中でも身体を鍛えるとか。さあさあ，とにかく台所は男のいる場所じゃないぞ！」。こう言われて末っ子の弟は，おとなしく台所を出て行こうとする（従順価値／Conformity）

　少々誇張した表現にはなっているが，この場面には複数の価値タイプ（ここでは安全価値，快楽価値，刺激価値，Benevolence ／好意価値，伝統価値，達成価値，パワー価値，従順価値の8つ）が登場している。もしもここで母親が次のように言えば，万人万物尊重価値／Universalism 価値も登場することになる。「あらあらお父さん。私たち夫婦の時代とは違うの，この子たちが生きる時代は男女平等の社会よ」。「それに子どもたちが卵のカラを割りながら『以前家族旅行で行った牧場で産みたての卵を割ったときは，カラがもっと硬くて割れにくかった』と気づくかもしれない。スーパーでよく売られてる卵が，自然に近い状態とは違う，と気づくことも大切な経験だし勉強になるわ」。

　妻の発言に対して夫は反論しなかった。そして夫（父親）が続ける。自己指令価値にスイッチしたようだ。「確かに。好奇心が広がり新しい商品開発アイディアにつながることはある。よしわかった，子どもたちが卵を割るお手伝いをするのを認めるとしよう」。かくしてこの家庭では家族皆が納得してホットケーキづくりと3時のオヤツを楽しむこととなった。

　さて読者にもぜひ自分自身で，3つ以上の価値タイプが1場面に登場するような例話を作ってみていただきたい。このモデルへの理解が深まるであろう。その例話を友人と交換していただければなおさらである。

第5節　3つの価値への着目：
「想定外の帰結」を減らす情報ワクチン

　人々は，自身が優先する価値に沿い行動／選択した結果がその後何を招来するのか，について，最初の選択の時点で意識的とはいえない。このことは社会的ジレンマの研究で繰り返し指摘されてきた。そしてこの社会的ジレンマ研究の領域では主に「協力か非協力か」の選択が研究対象とされてきた（長谷川・山岸，2016）。

　けれどもシュワルツ基本価値モデルが示すような 10（Schwartz, 1994）あるいは 19（Schwartz et al., 2012）の価値タイプに沿った選択のそれぞれが，実はその後，行きすぎによる問題を引き起こしうる。協力か非協力かの二者択一ではないような，社会的ジレンマ事態が，この 360 度の環状連続体モデルの延長線上にあるのである。

　以下では 3 つのタイプを取り上げ，その行きすぎが引き起こす問題を概観する。ある価値タイプの延長線上にある「想定外の帰結」を知ることは，たとえていえば，情報ワクチンの事前接種ということになろう。もし新種のウイルスが予測不可能な動きをしつつ人体に急激なダメージを与えるとしても，感染以前にワクチン接種が受けられれば被害はより抑えられる。それと同様に，ある価値タイプの延長線上に起きる想定外かもしれない帰結を事前に知識として知っておけば（情報ワクチンを事前接種しておけば），その後の問題事態の発生に際して，「想定外だ」と騒ぐことなく，初動や対策方針策定が遅れることなく，被害を抑えこみやすいであろう。

1.　快楽価値／Hedonism

　データによれば（Schwartz, 2016, pp. 75-78）刺激価値と「自己指令価値」は社会参加の積極性（subjective political efficacy）に結びつくにもかかわらず，刺激価値と「快楽価値」の場合は「非行行動」と「ドラッグ使用頻度」に結びつく。「今が楽しければ他のことはどうでもよい」こと（快楽価値）は非行やドラッグ使用に結びつくのである。

　非行に伴っては「認知のゆがみ」が見られる。「道徳的不活性化」「道徳的正当化」（Bandura et al., 1996）等はそのひとつである。「あの子は我がままだから，それをわからせるために仲間外れにするの」「あいつは遅刻が多いから，これからはちゃんと時間通りに来るように皆でからかったんだ」（戸田，2015，p. 102）など一見，目的が社会的に適正と見える内容であっても，その「手段」として「仲間外れにする」「皆でからかう」ことが道徳的に正しいとも社会的に適正ともいえず，もっと他の手段があることは自明である。仲間外れにする，皆でからかう，などを「快楽」と感じそれを優先し実行する一方，そうすることの罪悪感を低減するために認知のゆがみ（道徳的正当化）が起きる。このような現象は成人にも見られる。店の「お客様」と

しての執拗なクレームや，あるいはネット上のバッシングにも該当例がある。見せかけの公正さとは異なり，人を罰することへの快楽価値が優先されている例である。

快楽価値の亢進が，認知のゆがみを伴いつつ，権威や正当性を持つかのような一方的な私的処罰行動につながる例は多い。

2.   安全価値／Security

ところで日本の産業の場面に目を転じれば，ものづくりの問題がある。日本のものづくりが培ってきた高品質・高信頼性の副作用ともいうべきものとしてのガラパゴス化（わが国市場だけでしか通用しない高機能競争による製品進化を促す方向性）を圓川（2009）は指摘している。シュワルツ基本価値モデルでいえば安全価値・従順価値あるいは伝統価値を追求する開発現場が，その対極ともいえる自己指令価値や刺激価値へ切り替えあぐねていることが示唆される。日本の商品開発現場を知る高木（2014）は，「これまでと同じ」路線を追い続けることには産業面でデメリットがあると指摘する（注4）。

日常から遠い話ではなく，ありふれた子育て場面にもこのような事象例がある。ヨチヨチ歩きの子どもたちを保育士さんが散歩に連れて行く。草の生えたなだらかな斜面を登らせるか，平坦で安全に見える小道をこのまま進ませるか。子どもたちにチャレンジさせるか，ケガがないように避けて通らせるか。くり返し安全な選択ばかりをすすめられた子どもは，その後も好奇心より「これまで通り」を優先するようになるであろう。

3.   万人万物尊重価値／Universalism

「正当」「皆が対等」「世界平和」「環境保護」を優先しようとする万人万物尊重価値は，ともすれば正しさの確信に基づく圧迫を他に与える。正しさ（あるいは良さ）の確信に基づく点で実は他に「伝統価値」も同様に，他に対する強い要求がなされる可能性がある。「万人万物尊重価値」も「伝統価値」も，図5-1で遠い位置にあるはずの「パワー価値」と同じ行動につながる可能性が，低くないのである。

貧困家庭出身というブレイディ（2019）は「多様性ってやつは物事をやや

こしくする」「人間は人をいじめるのが好きなんじゃないと思う。……罰するのが好きなんだ」とつづいている。人を罰し攻撃するうえで，正しさの確信は，罰してよいという権威のお墨つき（認知のゆがみ）を与えてくれる。万人万物尊重主義／Universalism は一見，社会的に理想的とも見えるが，これさえも，理念に従わない者は処罰することで我らの理想を実現すべし，と相手を罰しようとするパワー価値の側面が表れるのである（過激な社会改革運動等）。想定外の帰結である。

　行きすぎを防ぐためにはどうすればよいであろうか。ハイト（Haidt, 2012）は『スイッチ！：「変われない」を変える方法』（ハースとハース）からの借用と述べた後（p. 157），〈象〉と〈乗り手〉が歩む経路を変えるという方法を提案した。さらに具体的に，倫理的な態度の大きな改善につながるような環境の微調整ができると述べた（注5）。〈象〉を変えるのは困難で時間がかかるが，環境の微調整ならば成功の可能性があると判断したのである。

　この方法は，図5-1 にも適用できる。ホットケーキを焼く家庭の父親は場面途中で自分で価値のスイッチをしていた。しかしきっかけを作ったのは妻（子の母親）の発言であり，環境が父親のスイッチを助けたといえる。同様に教員も，子どもたちが価値をスイッチすることを助けることができる（吉澤・宮口，2015 参照）。

　教師達も過ちをおかす。教員，親，地域の見守り役等の人にとっては，ケアしようとする目の前の子どもたち一人ひとりが，どれか1つの価値に特化し過ぎていないかに目を配るために図5-1 のモデルは活用できる。たとえばある子どもが自身の「快楽価値」に沿っていじめを繰り返したり，学級崩壊をもたらしたりする場合に，教員が正論でお説教をしても子どもは「自分なりの正当性」のより所をもっているため「聞く必要は無い，早くこの場から逃げ出したい」と快楽価値で受け止めるだけともなりがちである。ましてやもし教員自身が，インクルーシブ教育に熱心な「万人万物尊重価値／Universalism」や，江戸しぐさの素晴らしさを引き合いに出してマナーを説こうとする「伝統価値／Tradition」や，他の地域や学校でもそうしているのだからと説得する「従順価値／Conformity」等，どれか1つの価値に単独で重きをおいていると，発するメッセージも融通のきかない，有無を言わせない

ものになりがちである。しばし立ち止まり図 5-1 を見直す必要がある。いま働きかけようとしている子どもの主要価値を，ひとまず理解し受け止めたところから始め，その子どもにも通じるメッセージを探しながら語りかける必要がある。

第6節　大人たちのメッセージは価値と連動し 社会を形成する

　ところで日本の若年世代はしばしば，教師の指示命令に対して文句を言わず従順であれ（従順価値），昔からこうだったのだから理屈を言わずに従うべきだ（伝統価値），社会秩序と安全安心のために当然貢献すべきで疑問をもってはいけない（安全価値）と要求される。一方で「既成のカラを破り，創造的であれ（自己指令価値）」とも要求される。大人たちは自らの発するメッセージの矛盾を図 5-1 を見ながら自覚したいものである。

　筆者は，教師ではなく親の子育て行動（ペアレンティング），特に親が子へ発するメッセージに関する実証研究を行っている（子どもは 5〜15 歳）。その結果，万人万物尊重価値の親は子ども自身を尊重する傾向があり（言い換えればわが子じたいも個として尊重する対象であり），子どもが開花できるような仕事を望んでいた（片山，未発表）。

　1 人の親が 1 つの価値と整合するメッセージを発し続けるとすれば，10 人の親は 10 の異なるメッセージをその子どもたちに贈り続ける。図 5-1 は単に 10 の価値タイプが並んでいるというよりは，10 人の異なるタイプの親のメッセージが並んでいるともいえる（片山，2017a，b；片山たち，2017）それぞれの価値タイプに沿ったメッセージの発信が，子育てのあいだ 10 年 20 年と続き社会を形成する。シュワルツ基本価値モデルと，投票行動や左派・右派との関連も検討されている（Caprara et al., 2017, 2018）。

　筆者の別の研究では（片山，2018）友人知人同士で，自分からは温かい言葉をかけないが，「言葉をかけられる側」としてはもっと心理的距離を近づけるポジティブな言葉かけをされることを望む，との反応が得られている。「人に言われて嬉しい言葉を，人には言わない」のである。人に対して多くを言わないことでいさかいを予防するのは従順価値の戦術だが，本当は人々

は心の中で，好意価値／Benevolence を形にした，より温かく心的距離を近づける関係の持ち方（言葉かけ）を望んでいるのである。

第7節　窮屈な日本，具体策

　社会心理学の領域で，社会へのメッセージを発信する貴重な研究者として山岸俊男が挙げられる。山岸は『リスクに背を向ける日本人』の中で「王様は裸だ，と叫ぼう」と読者に呼びかけている（山岸とプリントン，2012）。伝統価値や従順価値による過度の重圧から自由になるために，である。山岸は心理学よりは（残念ながら）社会学あるいは社会科学に発想の基盤をおく研究者と推察されるが，この領域の研究者からの発信として他に2つを紹介する。1つは経済学研究科出身の上西（2019）である。この書籍『呪いの言葉の解き方』（初版）の帯には「文句を言うな」等の具体的なセリフが書かれている。心理学の論文を読み慣れた読者にとっては，トーンの違いに戸惑うかもしれない文章を紹介しよう(注6)。

　　「呪いの言葉」は，いとも簡単に，私たちを縛ってしまう。その言葉の背後に，私たちは「世間の目」を感じて，あるいは，迎えたくない破局を想像して，怯（おび）えてしまう。そういう効果をねらって，力を持つ者は，言葉によって私たちを支配しようとする。
　　ならば，そういう言葉を「呪いの言葉」と認識することが，まず第一歩だ。「あなたは私を縛ろうとしているのですね」と。
　　　　　　　　　　　　　　　　　　　　　　　（上西，2019，p. 256）

　さて第二に紹介するのは社会学者の富永京子である。富永（2019）は1人で意見を言うことに対する読者の「抵抗感」を受け止めつつ「違いからはじめて同じ根っこを探す」ことを提唱している（このスタンスは，外交官の仕事は相手との共通点を探すこと，との北川の見方に通底するものがある〈平田・北川，2008〉）。また「ボランティアに3日だけ行きました，というといかにも偽善と言われそうで」と読者を受け止めながら，（3日ぶんだけ）少しでも社会が改善されるなら「よそ者でいいし，短期的なかかわりでいい」

と呼びかけている（前掲書 p. 256）。興味をもった読者はこの書籍の「モヤモヤするものを探す」エクササイズで「モヤモヤシート」（p. 229）の記入にトライしていただきたい。

　以上3著者は大学で教育に携わる立場にあり，これらは20歳前後かそれ以上の人々を，呼びかけの主な対象としている。そしてより若い世代（中学生位）に向けては，鴻上尚史の『「空気」を読んでも従わない：息苦しさからラクになる』の書（鴻上，2019）がある。小学校教師を親にもつ鴻上氏のこの書籍は，全体が，人と社会へのメッセージにあふれている。

第8節　シュワルツ基本価値モデルの研究的活用

　本章の冒頭で，価値観の研究はもはや古くさく見えるのではと述べた。とはいえシュワルツの基本価値モデルは，数多くの国々で，数量データによる検証に耐えてきており，ある視点において，価値の網羅的描写を行ったモデルである。この360度の環状連続体モデルの中に，試しに心理学理論を位置づけてみよう。

　たとえばヒギンズの制御焦点理論（Higgins, 2016）を図5-1に布置するとすれば，「獲得焦点（promotion focus）」は，主にSelf-Directionを優先する個人または社会のある一面を析出しており，一方で「損失焦点（prevention focus）」は，安全価値，従順価値を優先する個人または社会のある一面を析出している（Schwartz, 2016, p. 69）。

　あるいは"Awe"の経験では文化によりその内容に特徴があることが指摘されている（中山，2020）。"Awe"をあえて邦訳するならば「畏敬」「畏怖」等である。ある種の"Awe"はUniversalism価値の顕現化と並行して起きるものかもしれず，伝統価値やパワー価値，または安全価値や従順価値のそれと並行して起きるのかもしれない。シュワルツ基本価値モデルの，自己決定価値（創造性，自由，好奇心，独立していること）と並行してフロー現象（flow；Nakamura & Csikszentmihalyi, 2002）が考えうると発想して，このような現象も"Awe"研究の枠組みに含むことで，その概念の再構成が可能かもしれない。

　また援助要請へのためらいの文化比較研究（Ishii et al., 2017）に続いて研

究しようとする場合，援助要請の動機や，サポートを受けた場合に経験する感情の多様性整理のために，図5-1の内容が活用できるであろう。

　あるいはいじめの予測研究をシュワルツ基本価値モデルと関連づけてみよう。ヨーロッパの研究をジニ（2015）がレビューした結果に基づくものである。このレビューで紹介されている研究では（Caravita & Gini, 2010）まず，子どもの場合（8〜11歳）は道徳的規則(注7) により判断すべき場面であっても，社会慣習的に判断(注8)をするという。一方，それよりも年齢の高い青年期初期の子ども(11〜15歳)では，「道徳不活性化」のメカニズムがいじめを予測したという。図5-1に発達の道筋を読み取ることも，もとの研究データの考察にプラスに働くはずである。

第9節　Take Home Message

　日本社会では，意見や価値観の対立を好まない，または「対立を表面化させること」を好まない風土があるといえる。このメリット，デメリットは多々あるとして，グローバル化の進む現代の世界において，対立を覆い隠し無いものとすることは，特に大きなデメリットになることがある。それは，人々の多様性（抽象的な話ではなく，ありふれた事実）を，それと意識化する頻度・機会・経験が圧倒的に少なくなる，ということである。経験が少なければ，見込みを立てることが難しくなる。見込みを立てられない人々は，なにかと「想定外」「予想していなかった」「信じられない」と瞬間的に反応したのち，黙り込んでしまうことになる。さて図5-1の中には，あなたが普段，想定しない，意識しない価値タイプがないであろうか。

　著者が大学において，各大陸からの留学生と日本人学生の混在する授業クラスで，ある年度に，最後に伝えたメッセージは次のとおりである。"Find diversity not in the world map, but in yourself."（世界地図の中に多様性を見つけ出すのではなく，あなた自身の中に多様性を見つけ出してください）。

　多様性を見渡すうえで，シュワルツ基本価値モデルは役に立つ。そして多様性を見渡すことには，3つのメリットがある。第一は「相手を受容しサポートするうえで役に立つ」ことであり，第二は「自分自身（側）の利益のみを最大化しようとするときにはその戦略・戦術を立てるうえで役に立つ」こ

とである。これは悪用にもなりうる。そして第三は「自分と相手の双方が共存し共栄するための最適解模索において，最初の判断材料が得られる」ことである。

　サイエンス・科学は，根拠・データに即して事実・実態を描写し，メカニズムを解明し，ありうる対策案を提示する。ここまでを読んだ読者が，シュワルツ基本価値モデルの研究に参加し，あるいはこれまでの研究成果と知見を現実社会の中でより良い形で活用してくれることを呼びかけたい（注9）。

■注

注1　世界価値観調査データは各価値タイプ1項目による測定ながら，研究目的で各国データのダウンロードと分析が可能である。公開データの2次分析については佐藤ら（2000）に詳しい。

注2　項目は片山（未発表）の新規作成による。社会や世界の出来事への関心の狭さ・広さを測定する項目である。上記で回答の数値（1，2，3，4，5）が大きいほど，大学生の自発的な学びが拡張することが，アンケート調査データにより明らかになっている（片山，未発表）。

注3　https://www.msf.org（2018年10月）

注4　2017年8月東京大学テクノエッジ会場における著者とのパーソナルコミュニケーションによる。

注5　「経路変更」に関する研究を集めたサイト（www.EthicalSystems.org）が同書で紹介されている。

注6　上西はこの書籍末尾で「呪いの言葉の解き方文例集」を紹介している。これは「＃呪いの言葉の解き方」サイト（@tokitaro さんまとめ）より抜粋したものである。なお初版出版時点では URL として http://hash-kotoba.thyme.jp の記載がある。

注7　人をいじめてはいけない，といういわば公正さの判断，シュワルツ基本価値モデルでいえば普遍主義価値／万人万物尊重価値／原則重視に沿う判断。

注8　たまたま教師や親から要求されるからいじめをやめる，という「従順価値」判断。

注 9　片山 (2020) 参照。シュワルツ基本価値モデルの訳語と測定尺度 (日本語版) の最新状況については著者片山へ照会されたい。Email：mikat@toyo.jp

注 10　この 10 章の原文は英語であり，上記書籍では日本語で掲載されているが，原文の英語は出版社によりウェブ上で公開されている。URL は次のとおり。(http://www.kitaohji.com/english_data，2020 年 7 月 1 日)

■引用文献

Bandura, A., Baarbaranelli, C., Caprara. G. V., & Pastorelli, C. (1996). Mechanisms of moral disengagement in the exercise of moral agency. *Journal of Personality and Social Psychology*. **71**, 364-374.

Caprara, G. V., Vecchione, M., Schwartz, S. H., Schoen, H., Bain, P. G., Silvester, J., Cieciuch, J., Pavlopoulos, V., Bianchi, G., Caprara, M. G., Kirmanoglu, H., Baslevent, C., Mamali, C., Manzi, J., Katayama, M., Posnova, T., Tabernero, C., Torres, C., Verkasalo, M., Lönnqvist, Jan-Erik., & Vondráková, E. (2017). Basic values, ideological self-placement, and voting: A cross-cultural study. *Cross-Cultural Research*, **51**, 388-411.

Caprara, G. V., Vecchione, M., Schartz, S. H., Schoen, H., Bain, P. G., Silvester, J., Cieciuch, J., Pavlopoulos, V., Bianchi, G., Kirmanoglu, H., Baslevent, C., Mamali, C., Manzi, J., Katayama, M., Posnova, T., Tabernero, C., Torres, C., Verkasalo, M., Lönnqvist, Jan-Erik., Vondráková, E. & Caprara, M. G. (2018). The contribution of religiosity to ideology: Empirical evidences from five continents. *Cross-Cultural Research*, **52**, 524-541.

Caravita, S. C. S., & Gini, G. (2010, March) Rule perception or moral disengagement? Associations of moral cognition with bullying and defending in adolescence. Oral communicaction presented at Society for Research on Adolescence 2010 Biennal Meeting, Philadelphia, PA.

圓川隆夫 (2009)．我が国文化と品質：精緻さにこだわる不確実性回避文化の功罪 (JSQC 選書 5)　日本規格協会

ジニ (2015)．認知のゆがみと反社会行動：ヨーロッパの動向　吉澤寛之・大西彩子・ジニ，G・吉田俊和(編著)．ゆがんだ認知が生み出す反社会的行動：その予防と改善の可能性　北大路書房(注 10)

Haidt, J. (2012). *The righteous mind: Why good people are divided by politics and religion. Pantheon*. (高橋洋(訳) (2014)．社会はなぜ左と右にわかれるのか：対立を超えるための道徳心理学　紀伊国屋書店)

長谷川眞理子・山岸俊男 (2016)．きずなと思いやりが日本をダメにする：最新進化学が解き明かす「心と社会」　集英社インターナショナル

Higgins, E. T. (2016). What is value? Where does it come from? A psychological perspective. In T. Brosch & D. Sander (Eds.), *Handbook of Value: Perspectives from economics, neuroscience, philosophy, psychology, and sociology*. Oxford University Press. pp.43

-62.

平田オリザ・北川達夫（2008）．ニッポンには対話がない：学びとコミュニケーションの再生　三省堂

Ishii, K., Mojaverian, T., Masuno, K., & Kim, H. S.（2017）. Cultural differences in motivation for seeking social support and the emotional consequences of receiving support: The role of influence and adjustment goals. *Journal of Cross-Cultural Psychology*, **48**, 1442-1456.

片山美由紀（2017a）．Parenting Goals in Changing Societies: Is Schwartz's basic value model effective for analyzing parenting styles?, Japanese Group Dynamics Association 日本グループ・ダイナミックス学会第64回大会発表論文集（発表資料），81

片山美由紀（2017b）．「うまくいくといいね」声掛けするのは誰？　硬直化した社会的場の変容に対するシグナルとしての声掛け　日本社会心理学会第58回大会発表論文集，316.

片山美由紀（2018）．人に言われ嬉しいことを人には言わない：言語かけ習慣にみられる矛盾　東洋大学社会学部紀要，**56**，19-28.

片山美由紀（2020）．S. H. Schwartz 基本価値モデルと日本語：価値タイプの日本語訳により理論モデルを理解する　日本心理学会第84回大会発表論文集

片山美由紀・堀毛一也・武田美亜（2017）．職場・家庭・社会のイノベーション追求／回避　日本心理学会第81回大会発表論文集，1033.

今野浩（2013）．ヒラノ教授の論文必勝法：教科書が教えてくれない裏事情　中央公論新社

鴻上尚史（2019）．「空気」を読んでも従わない：息苦しさからラクになる　岩波書店

真鍋一史（2018）．Schwartz の「価値観研究」の方法論的な検討　関西学院大学社会学部紀要，**129**，75-94.

Nakamura, J., & Csikszentmihalyi, M.（2002）. The concept of flow. In C. R. Snyder & S. J. Lopez（Eds.）, *Handbook of positive psychology*. Oxford University Press. pp. 89-105.

中山真孝（2020）．Awe と意味生成　心理学評論，**63**

プレイディみかこ（2019）．ぼくはイエローでホワイトで，ちょっとブルー　新潮社

佐藤博樹・池田謙一・石田浩（編著）（2000）．社会調査の公開データ：2次分析への招待　東京大学出版会

Schwartz, S. H.（1992）. Universals in the content and structure of values: Theoretical advances and empirical tests in 20 countries. *Advances in Experimental Social Psychology*, **25**, 1-65.

Schwartz, S. H.（1994）. Are there universal aspects in the content and structure of values?. *Journal of Social Issues*, **50**, 19-45.

Schwartz, S. H., Cieciuch, J., Vecchione, M., Davidov, E., Fischer, R., Beierlein, C., Ramos, A., Verkasalo, M., Lönnqvist, Jan-Erik., Demirutku, K., Dirilen-Gumus, O., & Konty, M（2012）. Refining the theory of basic individual values. *Journal of Personality and Social Psychology*, **103**, 663-688.

Schwartz, S. H.（2016）. Basic individual values: Sources and consequences, chapter 4, In

T. Brosch & D. Sander（Eds.）, *Handbook of Value: Perspectives from economics, neuroscience, philosophy, psychology, and sociology*. Oxford University Press. pp. 63-84.

高木芳徳（2014）．トリーズ（TRIZ）の発明原理40：あらゆる問題解決に使える［科学的］思考支援ツール　ディスカヴァー・トゥエンティワン

戸田有一（2015）．認知のゆがみといじめ　吉澤寛之・大西彩子・ジニ，G・吉田俊和（編著）．ゆがんだ認知が生み出す反社会的行動：その予防と改善の可能性　北大路書房　pp. 99-111.

富永京子（2019）．みんなの「わがまま」入門　左右社

上西充子（2019）．呪いの言葉の解き方　晶文社

山岸俊男，メアリー・C・プリントン（2012）．リスクに背を向ける日本人　講談社

山崎聖子（2016）．第1章　世界価値観調査とは　第2章　個人・生活感（2.1.1から2.1.4）　池田謙一（編著）．日本人の考え方 世界の人の考え方：世界価値観調査から見えるもの　勁草書房　pp. 30-55.

吉澤寛之・宮口幸治（2015）．犯罪者・非行少年を対象とした認知のゆがみの修正　吉澤寛之・大西彩子・ジニ，G・吉田俊和（編著）．ゆがんだ認知が生み出す反社会的行動：その予防と改善の可能性　北大路書房　pp. 131-150.

PART II　社会的要請にどう応えるか？

第6章 自制心はなぜ大切なのか

社会生活とセルフコントロール

尾崎由佳

第1節　はじめに

　健全な社会生活を送るためには，自制心を働かせること——すなわち，不適切な欲望や衝動を抑えることや，適切な振る舞いとなるように行動を調整すること——が重要であるとされている。心理学では，こうした心の働きのことをセルフコントロール（self-control）と呼んでいる。

　本章の目的は，人間が社会生活を送るうえで，なぜ自制心（セルフコントロール）が重要なのかについて，心理学の観点から考察することである。特に，セルフコントロールの実行が社会生活への適応を促進するという点に注目し，関連する実証研究の紹介やレビューを行う。

　本章の構成は以下のとおりである。まず，セルフコントロールとは何かについて概説する。次に，このテーマに関する人々の日常的な経験に注目し，筆者自身が行った経験サンプリング調査の成果を紹介する。ここで指摘したいのは，①社会生活のさまざまな場面において，セルフコントロールの実行を求められる状況が頻繁に経験されていること，②そうした状況において自制できなかった（すなわちセルフコントロールに失敗した）経験がしばしば報告されること，以上の2点である。続いて，セルフコントロールの成否と社会適応の関連について論じる。具体的には，セルフコントロールの優劣を表す個人差指標と，さまざまな領域（仕事や学業のパフォーマンスや健康・金銭管理，対人関係）における適応度指標との間の相関関係を検証した国内外の研究をレビューする。

第2節　セルフコントロールとは

1.　自制心の問題

　完璧な人間はいない。ひとは皆，多少なりとも不完全にできている。寝坊
をすること，忘れものをすること，約束をすっぽかすこと，他人に迷惑をか
けること，ズルをしたりウソをついたりすることや，それをごまかそうとす
ること，などなど。これらについてまったく身に覚えがないと断言できる人
はいないはずだ。誰だって，ときには間違えることがあるし，失敗すること
もある。

　上に挙げたような間違いや失敗は，世の中では一般的に，「自制心の問題」
としてとらえられることが多い。たとえば，若者たちの迷惑行動を見ると
「自制心が足りないから，やるべきではないことをやってしまうのだ」とい
った解釈を与えたり，自分の自堕落な生活をふりかえって「もっと自制心が
あったら，やるべきことをきちんとできるだろうに」と考えたりする。

　そもそも，この「自制心」と呼ばれるものは，いったい何なのだろうか。
この問いに対する答えは，ひとつに定まらない。なぜなら，いろいろな視点
に基づいて，異なった考え方が存在するからだ。時代をはるかに遡ってみる
と，古代ギリシアの哲学者たちも，この問題について重視し，深い考察を加
えてきた。また，世界中のさまざまな宗教，たとえばキリスト教や仏教など
において，自制心が重んじられている。現代においては，学校教育や司法
（犯罪予防・矯正など）はもちろんこと，精神医学や社会福祉・経済政策とい
った観点からも，人々が自制的に振る舞うことの重要性が指摘されている。

　このように，長い人間の歴史（思想史，政治史，経済史，宗教史，科学史
を含む）の中で，自制心というテーマは重要視され，多角的な視点から検討
されてきた。その事実を考慮すると，自制心に関する問題が，私たち人間の
社会生活にどれだけ深く関わり，大きな影響を与えているのかが推察でき
る。

2.　心理学から見たセルフコントロール

　本章では，この書籍のタイトルである「心理学から見た社会」に沿って，

心理学の視点から自制心について考えていきたいと思う。心理学では，前述のとおり，一般的に「自制心」と呼ばれる人々の振る舞いやそれに関わる心理過程のことを「セルフコントロール（self-control）」と呼んでいる。

　では，心理学において，セルフコントロールという概念はどのように定義づけられているのだろうか。実は，これに関しても研究者ごとに異なる観点があり，その定義はひとつに定まらない。以下では，特に社会的認知（social cognition）と呼ばれる研究領域において主流となっている定義づけに依拠して説明を進め，この領域における研究知見を中心的に取り上げていく。

　セルフコントロールとは，望ましくない目標が生じたときに，それを追求しようとする衝動や行動を抑制したり，より望ましい目標やその追求行動を優先させたりすることを意味する。たとえば，朝に目覚ましアラームが鳴ったときに「二度寝したい」という望ましくない目標が生じたとしよう。このときに，また眠りに落ちたくなる衝動や行動を抑えたり，「時間どおりに出勤する」というより望ましい目標を優先するために思考や行動を調整したりすることを表している。すなわち，望ましくない目標と望ましい目標の間に葛藤が生じたときに，前者を抑制し，後者の実行を優先させるような心の働きであると言い換えることもできる。

　ここで注意喚起したいのは，葛藤している2つの目標のうちどちらの方が望ましいのかを判断する基準については，時と場合によって（また研究的立場によって）異なる場合があるという点である。あるときには，個人の長期的利益や将来の目標に合致することが望ましいとされ，それに反する動機づけは比較的望ましくないとされる。たとえば，「ダイエットしたい」という望ましい目標を持っているときには，「ピザをお腹いっぱい食べたい」と思うことは望ましくないと見なされる。また別のときには，社会の規範やルールに沿うような目標が望ましいとされ，それに反する動機づけは望ましくないと判断される。たとえば，「相手に丁寧に接する」ことが望ましい状況では，「相手を罵倒したい」と感じるのは望ましくないということになる。

　ただし，「心理学から見た社会」という観点からとらえなおすと，上記のような異なる見解——すなわち，個人の長期的利益や将来の目標と照らし合わせたときの望ましさと，社会規範やルールに照らし合わせたときの望ましさという違い——は，かなりの部分で重複しており，弁別しがたいものだと

いえる。なぜなら，個人の長期的利益や目標に資するような振る舞い（たとえば，一人ひとりが自分の健康や家計をきちんと管理し，周囲の人々と良い関係を築きながら，幸福な人生を実現すること）は，社会全体としても望ましいありかたといえるからだ。その逆も然りである。つまり，社会の規範やルールに合わせて振る舞うこと（たとえば，丁寧な言動や誠実な振る舞いをすること）は，周りの人からの評判を高めたり，信頼を築いたりするというメリットをもたらすという点で，個人の利益や将来のためにも貢献するからである。したがって，一人ひとりの個人が望ましい目標を追求することが，結果として社会全体に望ましい影響をもたらすことや，その逆に，ある個人が社会的に望ましいとされる振る舞いをすることによって，結果としてその人が個人的恩恵を得るということが，しばしば起こりうる。したがって，セルフコントロールを実行することは，個人としての望ましい生き方の追求のみならず，社会全体としての望ましいありかたにも貢献するものだといえるだろう。

　本節では，セルフコントロールとは何かについて説明してきた。次の節からは，本章の冒頭で問題提起した「人間が社会生活を送る中で，なぜセルフコントロールが重要なのか」という問いについて，実証的研究を引用しつつ，考察を深めていきたい。そのために，以降では2つの方向性から議論を進める。1つ目の方向性としては，「日常生活における経験頻度」の観点を取り上げる。すなわち，私たちが社会生活を送るなかで，セルフコントロールを求められるような場面がどのくらい頻繁に経験されるのか，またそうした場面において自制の成否がどのくらいの割合で生じるのかを検討する。2つ目の方向性としては，「社会適応との関連」に注目する。すなわち，自制の成否と，社会生活に適応する度合いとの間にどのような関連性があるのか，その関連はなぜ生じるのかについて考える。

第3節　　日常生活におけるセルフコントロールの経験頻度

　本節では，セルフコントロールの重要性について考えるにあたり，日常における経験頻度に注目して議論を進める。私たちの普段の生活の中で，セル

フコントロールを求められる場面はどのくらいの頻度で発生するのだろう。

　セルフコントロールを求められる場面とは，すなわち，望ましくない目標
vs. 望ましい目標という相容れない目標間の葛藤が生じた状況のことを指
す。ここで，こうした葛藤状況がどのような主観的経験をもたらすかについ
て，説明を加えたい。

　望ましくない目標の中には，「○○したい」という接近的目標と，「○○し
たくない」という回避的目標が含まれる。前者の接近的目標に対して葛藤が
生じた場合には，「○○したい，でもそうしてはいけない」といったジレン
マを経験する。たとえば，「健康的な食事をしたい」という望ましい目標が
あるにもかかわらず，「ピザをお腹いっぱい食べたい」という衝動を覚えた
ときには，本人にとっては「食べたい，でもそうしてはいけない」というジ
レンマ状態として感じられるだろう。一方，後者の回避的目標に対して葛藤
が生じるときには，「○○したくない，でもそうしなければいけない」とい
うジレンマを経験する。たとえば，「試験に合格したい」という望ましい目
標があるにもかかわらず「勉強したくない」と思ってしまったときには，
「勉強したくない，でもそうしなければならない」と感じられることだろう。

　上記のような「○○したい，でもそうしてはいけない」や「○○したくな
い，でもそうしなければいけない」と感じられる主観的経験をすること――
すなわち，目標間の葛藤が生じセルフコントロールが求められている場面
――が，日常生活の中でどのくらいの頻度で生じているのかを調べることを
目的として，筆者と共同研究者のチームは，経験サンプリング法を用いた調
査を行った（尾崎たち，2019a）。これは，日常生活を送っている調査対象者
がその時点で経験していることをデータとして収集し，それを1日のうちに
複数回×数日間にわたって繰り返すという調査法である。この研究では，調
査対象者が回答時点でどのようなことを経験していたかをスマートフォンを
通じて回答するという形式で調査を行った。回答者は，日本国内に居住する
20〜69歳の成人男女180名であった。彼らのスマートフォンにあてて，1日
あたり6回×7日間の回答要請メールを無作為なタイミングで送信した。回
答者はメールを受け取ったらできるかぎり早く，遅くとも30分以内にイン
ターネット上で調査に回答するように教示された。

　調査項目は，回答時点における目標について尋ねる項目から始まった。具

体的には，最も直近に感じていた気持ちが，「○○したい」「○○したくない」「○○しなければならない」「○○してはいけない」のいずれの表現に最もあてはまるかを選択してもらい，それに続く設問においてその気持ちの内容を自由記述してもらった。さらに，それぞれの気持ちに対して「でも，そうしてはいけない」「でも，そうしなくてはいけない」等といった葛藤を感じたかを尋ねた。これらの２問への回答の組み合わせによって，調査回答者の感じていた葛藤を分類し，それぞれの出現頻度をカウントした。

　結果として，「○○したい，でもそうしてはいけない」という葛藤を経験していた場面が 182 ケース，「○○したくない，でもそうしなくてはいけない」という葛藤を感じていた場面が 551 ケース，それぞれの報告として集まった。これらを合計すると 733 ケースとなった。これは，すべての有効回答（4,347 ケース）中の約 17% にあたる。１人あたりに換算すると，１週間の回答期間中に平均 4.6 回の報告があったことになる。この頻度から推察すると，セルフコントロールを求められるような葛藤状況の経験は，多くの人々にとって身近な出来事であるといって差し支えないだろう。

　また，これらの葛藤状況におけるセルフコントロールの成功や失敗の頻度について調べるために，望ましくない目標（すなわち，「○○したい」や「○○したくない」という気持ち）を実行に移したかどうかを尋ねた。たとえば「○○したい。でも，そうしてはいけない」という葛藤を感じていた場面（182 ケース）では，「○○したい」という目標を行動に移さないことがセルフコントロールの成功にあたる。これに該当する回答は 144 ケース，すなわち 8 割近くが成功を収めた。一方，そうしてはいけないと感じていながら結局行動に移してしまったというセルフコントロールの失敗に該当する経験は 24 ケース，つまり 1.5 割のケースで生じていた。また「○○したくないが，そうしなくてはいけない」という葛藤を感じていた場面（551 ケース）では，「○○したくない」という回避的目標に従わず，あえて望ましい行動を実行に移すことがセルフコントロールの成功と見なされた。該当する回答は 263 ケース，すなわち約半数が成功を収めた。一方，結局行動に移せなかったというセルフコントロールの失敗に該当する経験は 82 ケース，やはり 1.5 割程度であった（ただし，いずれの葛藤の場合も，実行に移したかどうかを尋ねる設問において「これから行動に移そうとしている」という回答が

選択された場合は，「未遂」としてカウントし，成功／失敗のカウントには
含めなかった）。

　まとめると，葛藤状況に際してセルフコントロールに成功するのは5~8
割程度，失敗するのは1.5割程度であった。したがって，この調査で報告さ
れた場面の大半において，人々は自制に成功していることがわかった。しか
し，失敗も皆無ではなく，無視できない割合でセルフコントロールの失敗が
発生しているといえる。

　この調査では，先に説明した設問以外にも，回答時点で感じていた「○○
したい」や「○○したくない」といった気持ちがどのような内容のカテゴリ
にあてはまるかを選択式で回答するという設問が含まれていた。そのカテゴ
リごとの回答数を表6-1に示す。ここに表されているとおり，接近的目標に
対する葛藤（つまり「○○したい，でもそうしてはいけない」という気持
ち）を感じていたケースの中で，最も多く報告されていたのは飲食に関する
もの43ケース（例：ご飯を食べたい，お酒を飲みたい），次いで睡眠に関す
るもの42ケース（例：眠りたい，昼寝したい），第3位は休息に関するもの
32ケース（例：休みたい）であった。一方，回避的目標に対する葛藤（つ
まり「○○したくない，でもそうしなくてはいけない」という気持ち）を感
じていたケースにおいては，報告頻度の第1位は労働に関するもの185ケー
ス（例：仕事をしたくない），そして第2位は家事に関するもの174ケース
（例：掃除／洗濯をしたくない）であり，これらの2カテゴリは第3位の睡
眠に関するもの28ケース（例：起きたくない）を大きく上回っていた。

　表6-1に表されたカテゴリごとの葛藤発生パターンを概観すると，私たち
の社会生活のさまざまな側面にわたって葛藤が経験されていることがわか
る。より大きなカテゴリにまとめるならば，仕事や学業に関わること（労働
や勉強など），健康管理に関するもの（飲食や睡眠など），金銭管理に関する
もの（金銭や趣味・娯楽など），社会的関係性に関わること（人間関係やル
ール・マナーなど）などに分類することができるだろう。このように，社会
生活のさまざまな側面において，私たちはセルフコントロールの実行を求め
られる状況を日ごろから頻繁に経験しているということになる。

表6-1　葛藤の内容カテゴリごとの生起頻度（尾崎たち，2019a）

	接近的目標に対する葛藤	回避的目標に対する葛藤	合計
1.　労働（仕事・アルバイト・家業手伝いなど）	21	185	206
2.　家事（洗濯・掃除・料理・片づけなど）	4	174	178
3.　睡眠（起床・入眠など）	42	28	70
4.　飲食（食事・お茶・おやつなど）	43	11	54
5.　休息（休憩・着席・リラックスなど）	32	11	43
6.　人間関係（友達・家族・恋人・他人・孤独など）	3	21	24
7.　趣味・娯楽（遊び・ゲーム・音楽・読書・スポーツなど）	14	8	22
8.　移動（通学・外出・運転・歩行など）	3	19	22
9.　精神状態（思考・感情・集中・我慢・心がけなど）	7	12	19
10.　清潔（入浴・歯磨き・洗顔・着替え・制汗など）	1	16	17
11.　健康（体調管理・体力向上など）	2	14	16
12.　予定（締切・予約・待ち合わせ・遅刻など）	1	13	14
13.　金銭（買い物・支払・貯金・節約など）	2	8	10
14.　ルール・マナー（規範・礼儀・思いやり・迷惑など）	0	9	9
15.　勉強（試験・課題・レポートなど）	1	7	8
16.　外見（服装・化粧・髪型・痩身など）	2	3	5
17.　嗜好品（タバコ・お酒など）	2	1	3
18.　通信（メール・ライン・インターネットなど）	1	2	3
19.　生理反応（排泄・くしゃみ・咳など）	0	1	1
20.　将来（就職活動・人生目標・今後の長期計画など）	0	1	1
21.　その他（具体的に）	1	7	8
合計	182	551	733

注）　接近的動機づけに対する葛藤については「○○したい，でもそうしてはいけない」と感じた出来事が，回避的動機づけに対する葛藤については「○○したくない，でもそうしなくてはいけない」と感じた出来事が報告されるたびに，それぞれ1カウントとした。

第4節　セルフコントロールと社会適応

　セルフコントロールの成功や失敗は，社会生活における適応とどのように関連するのだろうか。以下では，セルフコントロールの個人差（つまり，ある個人がどのくらい自制に成功しやすいか，それとも失敗しやすいかという度合い）という観点から，自制における優劣と社会適応の間の関連について

考えていきたい。具体的には，特性セルフコントロール尺度（以下，SC 尺度）とさまざまな適応度指標との関連を調べた研究データを概観しながら，上記の問題について考察する。

　はじめに，SC 尺度について説明する。この尺度は，「誘惑に負けない」や「悪いクセをやめられない」といった文章それぞれについて自分自身がどのくらいあてはまると思うかを評定することにより，セルフコントロールにどのくらい成功（もしくは失敗）しやすいかという個人の傾向を得点化するものである。オリジナルの英語版はアメリカの研究グループ（Tangney et al., 2004）によって開発されたものだが，その後各国の言語に翻訳され，世界中で広く用いられている。日本語版については，この SC 尺度のうち 13 項目を抜き出した短縮バージョンを筆者ら（尾崎たち，2016）が翻訳し，その妥当性を確認した。

　次に，適応度指標とは，個人がどのくらいその生活環境に適した生き方をしているかを数値化して表したものである。たとえば，その個人が暮らす社会の中の一員としてどのくらい適切に振る舞い周囲から受け入れられているか，また学校や職場においてどれほど優れたパフォーマンスを示しているか，心身共に健康であるかといったさまざまな側面から，適応度を数値として表すことができる。

　以下では，さまざまな適応度指標と SC 尺度との関連を検討した研究について，いくつかの分野に区分しながらレビューする。このとき，前節の末尾で挙げた，社会生活の四側面（仕事や学業に関すること，健康管理に関すること，金銭管理に関すること，社会的関係性に関わること）について，1 つずつ順に取り上げて議論する。

1.　仕事や学業のパフォーマンスについて

　はじめに，仕事の成果や学業成績といったパフォーマンスと，セルフコントロールの関連に目を向ける。このテーマを扱った研究は多数存在するが，特に，学業成績に注目したものが多い。たとえば，ダックワースとセリグマン（Duckworth & Seligman, 2005）の研究では，SC 尺度得点と知能指数測定（IQ）のどちらの方が学期末成績をよく予測するかを比較し，前者の方が 2 倍もの予測力を持つことが明らかになった。また，アメリカの小中学生

を3年にわたって追跡調査した研究では，ある時点において優れたセルフコントロールを示した生徒ほど，その後の学力テストにおいて好成績を取るという関係性が確認された（Duckworth et al., 2010）。こうした時系列データの分析結果は，セルフコントロールの要因がパフォーマンスに影響を与えるという因果関係を論じるうえで，重要な根拠となる。こういった研究を数多く収集し，メタ分析を行った研究がある（de Ridder et al., 2012）。その結果，SC尺度得点と学校・職場におけるパフォーマンスに関する指標の間には $r = .36$ という中程度の相関が示された。国内のデータとしては，筆者の関わった研究（尾崎たち，2016）において，日本人大学生の自主学習時間の長さ（すなわち，大学の授業時間以外で勉強する時間の長さ）と，彼らのSC尺度得点の間に，中程度の正の相関（$r = .32$）が見出されている。

　なぜ，優れたセルフコントロールは良好なパフォーマンスをもたらすのだろうか。その原因のひとつは，先延ばし（procrastination）傾向にあると考えられる（Ariely & Wertenbroch, 2002）。なぜなら，「○○したくない，でもそうしなくてはいけない」という葛藤は，「今はやりたくないから，後でやればよい」という正当化の発想につながり，こうした発想は先延ばし傾向を助長する。さらには，身の回りにある沢山の誘惑に心惹かれてしまうことが，いますぐ勉強（もしくは仕事）に取り掛かることを妨げる。こうした正当化や先延ばしを行わずに，やるべきことをきちんとこなすためには，セルフコントロールの実行が欠かせない。もうひとつの原因として挙げられるのは，スキルや能力の獲得という点においても，優れたセルフコントロールが貢献するという点である。なぜなら，どのような能力やスキルであれ，優秀なレベルに達するには，長期にわたって自らの振る舞いをコントロールし，練習を継続することが不可欠だからである（Duckworth et al., 2007）。

2.　健康管理について

　次に，健康管理とセルフコントロールの関係について取り上げる。世界のさまざまな国で，SC尺度得点と健康指標との関係が検討されてきた。たとえば，アメリカの大学生を対象にした調査（Tangney et al., 2004）では，SC尺度得点の高い人ほど，アルコール中毒の傾向（$r = -.32$）や，過食傾向（$r = -.36$）が低いという結果が得られた。メタ分析を行った研究（de Ridder et al., 2012）では，SC 尺度得点と食生活・体重管理に関する指標の間には r = .17 という弱い（ただし統計的に有意な）相関が見られた。つまり，セルフコントロールに優れている人ほど，健全な食習慣を持ち，適切に体重管理ができていることがわかった。この他にも，オランダで行われた調査では，SC 尺度得点の高い個人ほど，週あたりの運動時間が長く（r = .21），喫煙本数が少ない（r = − .23）ことがわかっている。

　なぜセルフコントロールに優れた人は，健康管理を上手くできるのだろうか。この関連は自明のことのように思えるかもしれないが，その仕組みを簡潔に説明しておこう。

　まず，食生活の管理をするためには，「腹八分目」「飲みすぎ注意」といった日々の節制が大切だ。しかし，こうした節制を試みると，「食べたい，でもそうしてはいけない」や「飲みたい，でもそうしてはいけない」といった葛藤をしばしば経験することになる。そうした葛藤状況に際して，望ましくない振る舞いをしてしまうことを抑えるために，セルフコントロールの実行が必要とされる。

　また，適度な運動をすること，またそれを習慣的に続けることも重要である。「面倒だから怠けたい。でも，運動しなければいけない」といった葛藤をきちんと認識することや，その葛藤に際して望ましい目標追求の方を優先できるように自らの思考・感情・行動をコントロールすることが大切だといえる。

　ただし「言うは易く行うは難し」であり，健康管理を毎日きちんと実行するのは，そう簡単なことではない。特に，「食べたい」「飲みたい」といった生理的欲求や，タバコ・アルコールなど中毒性のあるものへの渇望などは，時に強い衝動をもたらし，それを抑制しようとする試みには困難が伴う。さらに，私たちの身の回りには，健康を脅かすさまざまな誘惑があふれている。たとえば，ファストフード店やコンビニエンスストアが街のあちらこちらに存在し，食べ物・タバコ・お酒などがいつでも簡単に入手できる。また，ウォーキングやジョギング・サイクリングといった運動をしなくても，自家用車や公共交通機関を使えば，遠くまで簡単に移動できてしまう。こうした現代社会における便利な生活環境が，健康管理におけるセルフコントロールを難しくしているともいえるだろう。

　問題なのは，こうした小さな不摂生の積み重ねが，重大な健康問題をもたらすことが多いということだ。たとえば喫煙を何十年も続けていると，いずれ肺がんなどの健康問題に悩まされる危険性が高くなる。飲酒習慣は，度が過ぎるとアルコール中毒となり，心身に大きな悪影響をもたらす。運動不足，また塩分・油分・糖分の摂り過ぎといった食生活の問題も，肥満や，それに伴う糖尿病・心臓病などさまざまな疾患と関連する。上に挙げたような健康上の諸問題は，多くの国々において重大な社会問題となっており，莫大な税金を投入して対策が取られている。つまり，個々人のセルフコントロールの問題が原因のひとつとなって，社会全体としても深刻な問題を生み出している可能性があるといえるだろう。

3.　金銭管理について

　続いて，金銭管理とセルフコントロールの関係に目を向ける。人々の消費や貯蓄の傾向と，セルフコントロールの個人差の間には，関連が見られるだろうか。数々の実証研究によって，その関連性が指摘されている。たとえば，ドイツで行われた研究（Achtziger et al., 2015）では，衝動買いのしやすさを測った尺度得点と SC 尺度得点との間に $r = -.41$ という負の相関が見られているが，この結果から，SC 尺度の得点が高い人（すなわちセルフコントロールに優れた人）ほど，衝動買いのしやすさ得点が低い（すなわち衝動買いをしにくい）という中程度の関連が見られたことがわかる。また，スウェーデンで行われた研究では，SC 尺度得点と貯蓄行動の関連を検討する際に，収入・学歴・性別・年齢などの変数を統制したうえで偏相関を算出したところ，$r = .25$ という有意な正相関が見られたという（Strömbäck et al., 2017）。したがって，セルフコントロールに優れている人は，適切な金銭管理ができているという関連が示された。

　しかしながら，現代社会には，堅実な金銭管理を難しくするようなシステムが普及してきた。すなわち，電子マネーやクレジットカードである。これらは支払いを便利にしてくれるというメリットがあるが，それと同時に，支出額をその場で把握しにくくなるというデメリットもある。そのため，うっかりしているとお金を使い過ぎてしまうという危険性が含まれている。実際にアメリカのスーパーマーケットで調査をしたところ，クレジットカード払

いのときには，現金払いのときよりも，平均して約 1.3 倍も高い支払額になっていたという（Soman, 2003）。この他に，電子マネーやクレジットカードを利用することによって消費が促進されることを示した研究成果は多数報告されている（Hafalir & Loewenstein, 2009）。こうした消費が重なった結果として，自分の支払い能力を超えて，お金を使いこんでしまうという事態になりかねない。クレジットカードのローンが原因となって自己破産に追い込まれるというケースも近年増えており，これも社会問題となっている。

4.　社会的関係性について

　社会環境において人々が互いに調和して生きていくためには，他者に配慮し，社会のルールを遵守することが求められる。こうした社会的に適切と見なされる振る舞いを実行するためには，望ましくない欲望や衝動を抑えたり，望ましい方向性へと言動を調節したりすることが必要とされる——まさにセルフコントロールの機能である。したがって，セルフコントロールに優れていることは，社会的逸脱を抑えるとともに，他者との良好な関係性を保つことに貢献すると考えられる。

　欧米で行われた諸研究のデータを収集してメタ分析を行った研究（de Ridder et al., 2012）では，SC 尺度得点と人付き合いの良好さに関する指標の間には $r = .25$ という中程度の相関が見られた。筆者が関わった調査研究（尾崎たち，2019b）においては，社会的関係性における調和的・配慮的行動を表す 5 つの文章（たとえば「だれかに批判されても，冷静でいられる」「まわりの人たちに礼儀正しく振る舞う」など）を回答者に呈示し，それぞれ自分にどのくらいあてはまると思うかを評定してもらった。その結果，SC 尺度において高得点の人ほど，各文章についてあてはまると答える程度が大きかった（$.2 < rs < .5$）。

　社会的逸脱についても多数の研究成果が報告されている。たとえば，オランダにおいて 1,012 人の未成年（11〜14 歳）を対象とした調査を行ったところ，セルフコントロールの高さは，攻撃性（$r = -.32$）や非行・逸脱行為（$r = -.19$）と負相関が見られた（de Kemp et al., 2009）。またフィリピンでは，仕事をもつ成人について調査され，SC 尺度得点が高い人ほど，職場での逸脱行動が少ない（$r = -.32$）という関連が見出されている（Restubog et al., 2010）。

　さらに，人は自制心のありそうな他者に対して「信頼できる」と認識し，そういった相手と親密な関係性を築くことを好むという（Righetti & Finkenauer, 2011）。したがって，優れたセルフコントロールが信頼を養い，安定した人間関係を支えていることがうかがえる。新しい関係性を築く機会が多く，また対人関係のトラブルも生じやすい現代社会の中で生きていくためには，セルフコントロールの実行が大いに役立つといえるだろう。

第5節　まとめと自制心研究の課題

　本章の目的は，人間が社会生活を送るなかで，なぜセルフコントロール（いわゆる自制心）が重要なのかについて考察を加えることであった。この問題に関して，以下の2つの観点から議論した。まず，自制を求められる場面（すなわち「○○したい，でもそうしてはいけない」や「○○したくない，でもそうしなくてはいけない」といった葛藤を感じること）が，日常生活の中で頻繁に経験されていることや，またそういった場面において自制に失敗することが稀ではないことを示した。続いて，セルフコントロールの個人差指標（SC 尺度）と，さまざまな適応指標との関連性を検証した研究をレビューした。これを通じて，優れたセルフコントロールと社会生活における良好な適応の間に関連が見られることを示し，またその理由についても考察した。仕事や学業における成果・健康管理・金銭管理・対人関係といった現代社会の諸側面において，セルフコントロールの実行が社会適応を促進していると考えられる。

　一人ひとりがセルフコントロールに努め，またその成功を積み重ねることは，生活習慣病や貧困といった社会問題の改善をもたらす可能性もある。ただし，こうした社会全体の問題について，個人的な要因だけに帰属し，「自制心が足りないからだ」などと窮状にある人々を非難することは，大きな誤りであることも指摘しておきたい。こうした問題には，さまざまな要因が複雑に関与している。たとえば，個人が所属する組織や地域社会のありかたや，自治体や国家レベルの政策・経済状況などの影響も大きい。本章では，個人のセルフコントロールというミクロの観点から議論したが，それだけに

とらわれるべきではない。社会の構造や経済的・政治的な施策といったマクロな視野も併せて，問題を解決するために効果的な方法を考えていくという姿勢が大切であろう。

■引用文献

Achtziger, A., Hubert, M., Kenning, P., Raab, G., & Reisch, L.（2015）. Debt out of control: The links between self-control, compulsive buying, and real debts. *Journal of Economic Psychology*, **49**, 141-149. https://doi.org/10.1016/j.joep.2015.04.003

Ariely, D., & Wertenbroch, K.（2002）. Procrastination, deadlines, and performance: Self-control by precommitment. *Psychological Science*, **13**, 219-224.
https://doi.org/10.1111/1467-9280.00441

de Kemp, R. A. T., Vermulst, A. A., Finkenauer, C., Scholte, R. H. J., Overbeek, G., Rommes, E. W. M., & Engels, R. C. M. E.（2009）. Self-control and early adolescent antisocial behavior. *Journal of Early Adolescence*, **29**, 497-517.
https://doi.org/10.1177/0272431608324474

de Ridder, D. T. D., Lensvelt-Mulders, G., Finkenauer, C., Stok, F. M., & Baumeister, R. F.（2012）. Taking stock of self-control: A meta-analysis of how trait self-control relates to a wide range of behaviors. *Personality and Social Psychology Review*, **16**, 76-99.
https://doi.org/10.1177/1088868311418749

Duckworth, A. L., Peterson, C., Matthews, M. D., & Kelly, D. R.（2007）. Grit: Perseverance and passion for long-term goals. *Journal of Personality and Social Psychology*, **92**, 1087-1101.
https://doi.org/10.1037/0022-3514.92.6.1087

Duckworth, A. L., & Seligman, M. E. P.（2005）. Self-Discipline Outdoes IQ in Predicting Academic Performance of Adolescents. *Psychological Science*, **16**, 939-944.
https://doi.org/10.1111/j.1467-9280.2005.01641.x

Duckworth, A. L., Tsukayama, E., & May, H.（2010）. Establishing causality using longitudinal hierarchical linear modeling: An illustration predicting achievement from self-control. *Social Psychological and Personality Science*, **1**, 311-317.
https://doi.org/10.1177/1948550609359707

Hafalir, E. I., & Loewenstein, G.（2009）. The impact of credit cards on spending: A field experiment. *SSRN ELibrary*, 1-29.

尾崎由佳・後藤崇志・小林麻衣・沓澤岳（2016）．セルフコントロール尺度短縮版の邦訳および信頼性・妥当性の検討　心理学研究，**87**，144-154.

尾崎由佳・後藤崇志・倉矢匠・金子廸大・沓澤岳（2019）．接近的／回避的欲望のセルフコントロール葛藤：日常生活における経験頻度と規定因の検討　日本グループ・ダイナミックス学会第 66 回大会発表論文集＝尾崎たち（2019a）

尾崎由佳・大久保慧悟・雨宮有里・高史明・竹橋洋毅（2019）．対人ストレス・マインドセット尺度作成および妥当性の検討　日本心理学会第 83 回大会発表論文

集＝尾崎たち（2019b）

Restubog, S. L. D., Garcia, P. R. J. M., Wang, L., & Cheng, D.（2010）. It's all about control: The role of self-control in buffering the effects of negative reciprocity beliefs and trait anger on workplace deviance. *Journal of Research in Personality*, **44**, 655-660. https://doi.org/10.1016/j.jrp.2010.06.007

Righetti, F., & Finkenauer, C.（2011）. If you are able to control yourself, I will trust you: The role of perceived self-control in interpersonal trust. *Journal of Personality and Social Psychology*, **100**, 874-886. https://doi.org/10.1037/a0021827

Soman, D.（2003）. The effect of payment transparency on consumption: Quasi-experiments from the field. *Marketing Letters*, **14**, 173-183.

Strömbäck, C., Lind, T., Skagerlund, K., Västfjäll, D., & Tinghög, G.（2017）. Does self-control predict financial behavior and financial well-being? *Journal of Behavioral and Experimental Finance*, **14**, 30-38. https://doi.org/10.1016/j.jbef.2017.04.002

Tangney, J. P., Baumeister, R. F., & Boone, A. L.（2004）. High self-control predicts good adjustment, less pathology, better grades, and interpersonal success. *Journal of Personality*, **72**, 271-324. https://doi.org/10.1111/j.0022-3506.2004.00263.x

第7章 懐疑と冷笑

オンライン消費者の広告不信

山田一成

第1節　情報環境の変容と広告不信

　2019年2月13日，YouTubeで新作映画の予告編が公開された。映画のタイトルは「FROZEN Ⅱ」。日本では「アナと雪の女王2」と呼ばれることになる作品である。

　この予告編は公開から24時間で1億1,640万回視聴され，アニメーション映画の予告編としては歴代最高の視聴回数を記録したと言われている。また，本編も記録的な大ヒットとなり，日本では10週目時点での観客動員数が累計で1,000万人に達し，興行収益も127億円を超えたと報道された(注1)。ただし，この映画，話題になったのは興行成績だけではなかった。

　アナ雪2のレビューが複数のアカウントから一斉にツイートされている——そうした情報がネット上を広がったのは2019年12月3日のことだった。漫画形式で書かれたレビューはいずれも作品に好意的なもので，公開時刻が19時に集中していたため，ステルスマーケティング（ステマ）を疑う発言が相次いだのである。これに対しウォルト・ディズニー・ジャパン株式会社は，本来は広告であることを明記するはずだったが関係者間での連絡に行き届かない部分があったと説明し，謝罪を行っている(注2)。しかし，ここで議論したいのは，この出来事の経緯や真相よりも，多くの一般の人々が広告でないものを広告ではないかと疑い，その疑念が急速に広がったという社会現象の方である。

　ソーシャルメディア元年と言われた2010年以降，日本でもソーシャルメディアの利用が急増し，消費者を取り巻く情報環境が劇的な変貌を遂げた。買物のためのクチコミサイト閲覧に加え，自分から商品レビューをツイートしたり，Instagramでお店や料理の画像をアップすることも一般化した。さ

らには，YouTube に商品紹介動画や「開封の儀」を投稿する消費者も増え
ている。

　しかし，そうした動向が消費者や広告にプラスであるとは限らない。自発
的なレビューやクチコミを装ったステマが容易になるだけでなく，ステマで
ない情報までステマではないかと疑う消費者が増えるとともに，特定の広告
についてのネガティブな体験が，他の広告への不信となって広がることも十
分懸念されるからである（Darke & Ritchie, 2007）。上述の「アナ雪 2」の
炎上も，そうした状況を象徴する出来事だったと考えられるのである。

　政治コミュニケーションに関わる領域では，既に，フェイクニュース，ポ
ストトゥルース，ファクトチェックといったキーワードが生まれ，今後のジ
ャーナリズムのあり方について議論が始まっているが，消費に関わる領域に
おいても，オンライン消費者の広告不信をどう理解すべきなのか，早急に検
討が必要であるように思われる。

　本論では，こうした問題意識のもと，広告不信の実証研究が抱える問題点
と今後の研究方向について，社会心理学的な視点から議論する。なお，以下
で引用する文献の著者の所属は発表当時のものである。

第 2 節　　広告不信研究の文脈

　消費者の広告不信は重要な研究テーマでありながら，いまだ確固たる研究
領域として確立されているとは言い難いようである。もちろん，研究自体は
数多く存在する。しかし，それらは互いに異なる文脈のなかにあり，相互に
関係づけられないままとなっていることも多い。また，そのため，研究に系
譜を見出すことも容易な作業ではないと言わざるをえない。そこで，ここで
は，研究を網羅する学説史的な整理よりも，広告不信に関わる重要概念を把
握することを優先し，実証研究の文脈として機能する「広告意識」「広告へ
の態度」「広告懐疑」という 3 つの概念を取り上げ，これまでの研究を概観
することにしたい。

1.　広告意識

広告意識は広告というコミュニケーションやその現状に対する人々の意識

を指して使われる広義の概念であり，広告観，広告に対する世論などと言われることもある(注3)。また，包括的な概念であるため，その具体的内容には広告への興味関心や，広告の経済的・文化的機能の評価など，さまざまな心理状態が含まれる。そこに広告批判や広告不信が含まれることは言うまでもないだろう。

　なお，こうした広告意識については，広告環境の変化と対応する形でサーベイが実施され，詳しい結果が公表されることも多い。しかし，心理学の実証研究として見た場合には，その内容は集計値の機械的な報告にとどまりがちであり，概念の定義や議論の枠組みが不明確であると言われることも少なくない。

2.　広告への態度

　これに対し，広告への態度（attitude toward the ad : Aad）は，特定の広告に対する肯定的または否定的な全体的評価のことを指すが，この概念の重要性を理解するためには，次のような説明を経由する必要がある。

　一般に，個々の広告コミュニケーションにおいては，その帰結として広告内容であるブランド（商品・サービス）に対する態度が形成されることになる。しかし，そうした態度は常に広告によって直接形成されるとは限らない。場合によっては，まず個々の広告への態度（Aad）が形成され，それがブランドへの態度に転移する場合もあると考えられる。このように Aad とは，特定の広告について，その広告がブランド態度や購買意図に及ぼす効果の媒介変数として導入された概念なのである。

　なお，Aad の代表的モデルであるインディアナ大学のマッケンジーたちのモデルにおいては，Aad を直接規定する先行要因として，①広告の信憑性，②広告の知覚，③広告主への態度，④広告一般への態度，⑤気分，の5つが挙げられているが，これらのうち広告不信と密接に関わるのは①と④であると考えられる（MacKenzie & Lutz, 1989）。

　こうした Aad は 1980 年代初頭に提唱され，既に膨大な研究の蓄積があり，今日では広告心理学の重要研究テーマとなっている。しかし，このモデルにおいて最も重視されるのは Aad であり，研究者の主たる関心も Aad がブランドへの態度に転移するプロセスやその条件に向けられており，広告不信が

直接的な研究対象とされてきたわけではなかった。

3.　広告懐疑

　ところが，1990年代後半に入ると，広告一般への不信感それ自体が研究対象となり，実証研究に利用可能な心理尺度の作成が試みられる。シアトル大学のオバミラーたちによる広告懐疑尺度（SKEP尺度）の作成である（Obermiller & Spangenberg, 1998）。

　オバミラーたちの言う広告懐疑（skepticism toward advertising, ad skepticism）とは，「広告の主張に対し不信感を抱く傾向」と定義される構成概念であり（上掲，p. 160），広告懐疑を測定するSKEP尺度は，「広告はだいたいは本当のことを言っている」，「ほとんどの広告は，本当のことを知りたいときに頼りになる」といった項目から構成されている。

　オバミラーたちはこうしたSKEP尺度を用いて，広告懐疑の強い消費者の広告依存度が低いことや，そうした消費者には情報訴求型広告が有効ではないことを示唆する結果を得ている（Obermiller et al., 2005）。また，彼らは，広告懐疑が家庭内の社会化によって形成されるかどうか調査し，SKEP尺度の得点について，母親と娘の間には相関が見られないのに対し，父親と娘の間には高い正の相関が認められることを報告している（Obermiller & Spangenberg, 2000）。

　こうした広告懐疑概念とSKEP尺度は実証研究において多用され，ここ20年の間にさまざまな知見が報告・蓄積されるに至っている。また，そのため，こうした概念と尺度は，広告不信の実証研究にとって避けて通れない存在となっている。そこで次節では，SKEP尺度，および，SKEP尺度に依拠した尺度を用いた研究を「広告懐疑研究」と呼び，その広がりと成果について概観する。なお，第3節と第4節では，そうした尺度で測定されたものを「広告懐疑」と呼ぶことにする。

第3節　広告懐疑研究の社会的重要性

　広告不信という言葉から連想されるのは，虚偽広告や誇大広告に対する消費者の懐疑的な意識であるように思われる。それらは日本では不当景品類及

び不当表示防止法によって禁止されており，広告にそうした問題がないかどうかJARO（公益社団法人日本広告審査機構）が審査していることも広く知られている。しかし，広告不信が虚偽広告や誇大広告に関わるだけの概念かというと，決してそうではない。広告は社会的コミュニケーションであり，その役割や機能の広がりに対応する形で，SKEP尺度を用いた広告懐疑研究もさまざまな問題と関わっている。

　たとえば，広告規制や消費者保護といった視点から広告懐疑を取り上げた研究として，クラーゲンフルト大学のディールたちが行った医薬品広告への懐疑に関する研究を挙げることができる（Diehl et al., 2007）。彼女たちの研究からは，医薬品広告への懐疑が広告一般への懐疑よりも弱いことなど多くの知見が得られているが，注目すべきなのは，処方薬広告と市販薬広告との間で広告懐疑の水準に差が見られないという結果である。日本では一般消費者を対象とする処方薬広告（DTC広告）は規制されているが，アメリカでは規制緩和が進んでおり，その是非が盛んに議論されている。そのことを考えると，こうした調査結果は，患者自身による治療選択（セルフメディケーション）の理想と現実を考える際に，貴重な資料になるものと思われる。

　また，コーズ・リレーテッド・マーケティング（CRM）に関する研究のなかにも広告懐疑を扱ったものがある。CRMとは，特定の商品・サービスの売上の一部を環境保護や社会貢献のために寄付することにより，企業やブランドのイメージアップを狙うマーケティング手法のことである。ノルウェー経営大学のシンは，CRMキャンペーンに関する実験において，広告による主張の反復でCRMへの親近感が高まり，キャンペーンへの懐疑が弱くなること，および，そうした親近感の効果は広告懐疑が弱い場合に強くなることを示唆する結果を得ている（Singh et al., 2009）。企業の社会的貢献が重視されるなか，こうした研究がその重要性を増していることは言うまでもないだろう。

　さらに，国立高雄科技大学のチェンたちは，グリーン消費に関する研究において，買物価値観の快楽次元が，環境への関与の媒介効果により，環境保護広告への懐疑と負の関連を示すことを見いだしている（Cheng et al., 2020）。また，彼らは，ローカス・オブ・コントロールに関する議論に基づき，そうした媒介効果が外的統制型の消費者より内的統制型の消費者で強く

なることも明らかにしている。こうした結果は環境保護と消費者心理の関係を考えるうえで示唆に富むものである。

　なお，コンコルディア大学のタコールたちは，青少年の飲酒・喫煙に関する公共広告（注4）への懐疑について，カナダの高校生を対象とした調査を行い，公共広告懐疑が商業広告懐疑と負の相関を示すことを発見している（Thakor & Goneau-Lessard, 2009）。また，同輩集団からの規範的圧力を強く感じる者ほど，商業広告懐疑が弱く公共広告懐疑が強いことも明らかにされており，こうした結果は，青少年の健康被害に関する社会的マーケティングが成功しなかった理由を考えるうえで，重要な情報となっている。

　以上のように見てくるだけでも，広告懐疑研究が多くの分野に関わり，社会的に重要な問題と取り組んできたことが理解される。しかし，広告懐疑研究は，広告懐疑を従属変数として位置づけ，その高まりを問題視するという定型の議論にとどまるわけではない。次節で見るように，広告懐疑研究のなかには，より具体的な広告手法に焦点を合わせ，狙った広告効果が得られない理由を認知心理学的に説明することを試みたものもある。

第4節　広告懐疑研究の認知心理学的展開

　広告効果の実証研究のなかには，消費者の認知的情報処理に注目し，広告懐疑を広告効果の調整変数として位置づけるものも少なくない。ここではそうした研究の具体例として，以下の2つの研究を取り上げることにしたい。

1.　ヴァンパイア効果と広告懐疑

　まず，全北大学のカンが行った実験を紹介しよう（Kang, 2020）。問題となるのは，有名人推奨広告を見た消費者が，有名人のことは覚えていても，製品（ブランド）の名前は思い出せなくなっているという現象である。広告主にとっては「有名人が製品の生き血を吸って製品を干からびさせた」ように思えるため，こうした現象はヴァンパイア効果（vampire effect）と呼ばれている（注5）。

　もちろん，こうした現象自体は特に目新しいものではない。しかし，なぜ，そのようなことがおきるのか。これまでは「有名人特性と製品特性の一

致／不一致」に注目した研究が行われてきたが，明確な心理機制は明らかになってはいなかった。そこでカンは発想を転換し，消費者サイドの要因として広告懐疑に注目し，Web 実験を行った。

実験は韓国の 20 代から 30 代の男性を対象に，オンラインマガジンの広告を用いて行われた。このマガジンは刊行予定という設定であり，挿入された広告は，韓国で圧倒的なシェアを誇るビール「hite」の広告であった。また，この広告は，有名人推奨広告として調査会社によって作成され，有名人には実在の女性有名人（非韓国人）が事前調査に基づいて選ばれていた。こうした実験の参加者はオンラインマガジンを読んだ後，広告されていたビールの名称（hite）を自由記述で回答したのだが，意外なことに，正答率は広告懐疑の強い群で高くなっていた。

この結果についてカンは次のように説明している。広告に懐疑的な消費者は，広告を見ながら，次第に注意資源（attentional resources）を有名人から広告手法や製品に向けることになる。そのため，製品に関する情報処理が行われ製品名も記憶されることになる。ところが，広告に懐疑的でない消費者は，注意資源を顕出的な刺激である有名人に向け，製品には向けないままとなりがちである。そのため，有名人と製品の間に認知的な連合が形成されにくく，その結果，製品名は記憶されなくなる。

こうした結果は，有名人が製品を推奨しても，広告を疑わない消費者には製品名を覚えてもらえず，製品名を覚えている消費者がいても，そうした人たちは広告内容を信じていない，ということを意味しており，実務的にも大変重要な内容となっている。そして，それとともに重要なのが，この研究において，広告懐疑が注意資源の指標として位置づけられているという点である。

2.　マッチアップ仮説と広告懐疑

広告懐疑のそうした位置づけはカンの研究に限った話ではなく，近年の実証研究のなかには同様の立場を取る研究も少なくない。たとえば，ブロック大学のジョウたちは，広告にローカルな要素とグローバルな要素が混在することに注目し，文化的に異なる要素を混在させた広告の評価について実験を行っている（Zhou et al., 2015）。

　ジョウたちが広告の要素として取り上げたのは，製品カテゴリーと人物モデルの2つで，製品カテゴリーには［自文化起源／異文化起源］，人物モデルには［中国人／西洋人］という対比が設けられた。中国人の視点から見ると，両要素とも前者がローカル，後者がグローバルということになる。こうした設定のもと，ジョウたちは第1実験と第2実験を行っているが，ここでは自文化起源の製品に関する第2実験の結果を紹介しよう。

　実験刺激となったのはハーブティ（自文化起源）の広告である。広告は2種類あり，ひとつは実在する広告で，広告の人物モデルは中国人であった。この場合，広告内の要素は文化的に一致（match-up）していることになる。もうひとつは，実在する広告の人物モデルを西洋人に置き換えた広告で，こちらは要素間に文化的な不一致があることになる。

　こうした2種類の広告への評価が異なるかどうか，ジョウたちは中国人大学生を対象として実験を行っているが，結果を見ると，ブランド評価には違いがなかったものの，広告評価は不一致広告で大きく低下していた。しかも注目すべきことに，そうした広告評価の低下は，広告懐疑が強い群の方でより大きくなっていたのである。

　こうした結果についてジョウたちは次のように説明している。広告のアピールに関して重要なのは，それが消費者の製品に対するスキーマや期待にマッチしているかどうかであり，マッチしていれば効果が上がる（マッチアップ仮説）。しかし，広告主は消費者の気をひくために，あえてマッチしていない広告を使うことがあり，そうした技法は消費者の情報処理レベルを上昇させる。そのため，消費者は説得知識（persuasion knowledge）を使うようになり，その結果，広告主の動機を疑い，内容について反論し，説得の試みに負の感情を抱くようになる。そして，そうなれば，広告評価も製品評価も悪化する可能性が高い。こうした結果は，グローバル市場が拡大するなか，実務家にとっても大変重要な意味を持っている。

　ただし，ここで注意が必要なのは，この研究における説得知識の位置づけである。説得知識とは「マーケターや広告が説得の際に使用する方略についての消費者の個人的な知識」と定義される概念である（Friestad & Wright, 1994）。また，その測定には，「消費者に買わせるために使われる販売の仕掛けを見抜くことができる」，「話が『うますぎる』ときにはそのことに気がつ

いている」,「広告のなかのイメージと現実を区別することができる」といった項目から成る尺度が使われる(注6)。

こうした説得知識に注目することは,消費者が説得の試みにどう反応するかを考えるうえで大変有益であるとされている。というのも,説得知識が豊富な消費者は欺瞞的説得を見抜き,抵抗することができると考えられるからである (Friestad & Wright, 1994, 1995 ; Boush et al., 2009)。実は,ジョウたちの研究においても,最も重視されているのは説得知識であり,上述の第2実験では,説得知識を用いた第1実験と同じ結果となるかどうか,説得知識を広告懐疑に置き換えて検証が行われていたのである。

しかし,そうだとすると,新たな疑問も湧いてくる。広告懐疑と説得知識の間には互換性があるのだろうか。また,広告に対する不信感の本質を情報処理の程度と考えてもよいのだろうか。こうした問いは広告不信の実証研究にとって極めて重要な問いであるように思われる。そこで次節では,この問題について詳しく検討することにしたい。

第5節　広告懐疑と説得知識

ここまで広告について不信や懐疑という言葉を使ってきたが,それぞれの厳密な定義については触れないままであった。また,第2節で,オバミラーたちの広告懐疑の定義が「広告の主張に対し不信感を抱く傾向」であると述べたため,不信と懐疑は同一視されてしまったかもしれない。しかし,不信という言葉には,懐疑 (skepticism) だけでなく,冷笑 (cynicism) という意味も含まれる。そして,懐疑と冷笑とでは,その意味内容が大きく異なっている。

ペンシルベニア大学のカペラとジェイミソンは,政治報道に対する懐疑と冷笑の違いを説明するために,次のようなコラムニストの発言を引用している。「懐疑主義とは,疑いを持って,用心深く,簡単にだまされないように問いを発していくことである。シニシズムとは,すでに答えを持っていることである――中略――懐疑的な人は『私はそれが真実だとは思わない。これから真実を明らかにしよう』と言う。シニカルな人間は『私はそれが真実でないことを知っている。真実であるはずがない。こっぴどく懲らしめてや

れ』と言う」(Cappella & Jamieson, 1997 = 2005, pp. 34-35)。

　このように懐疑とは，対象と積極的に関わり，対象を疑うことを意味する。これに対し冷笑とは，否定的に決めつけ，その結論を変えず，それ以上対象と深く関わらないことを意味する。認知心理学的な表現を使えば，懐疑とは精緻化された情報処理であり，冷笑とは精緻な情報処理を抑制・回避させるスキーマである，と言えるのではないだろうか。

　実は，オバミラーたちも懐疑と冷笑の違いには触れており，「広告に依存しつつ広告を疑う消費者が多いなか，広告を拒絶するような不信感を抱いている人もいる」と述べている (Obermiller & Spangenberg, 1998, p. 164)。また，彼らは，未熟な消費者が口にする「テレビ広告なんてどれも詐欺みたいなもんだ」といった頑なな反応を挙げながら，懐疑的過ぎて説得知識が低くなるケースにも言及している（上掲，p. 163）。さらに彼らは，「説得知識が高い人々は，説得しにくいけれど説得できないわけではない。ところが，広告懐疑が非常に強い人々は，どんな主張も信じないので説得は不可能である」と述べている（上掲，p.163）。そうした箇所で彼らが「懐疑」と呼んでいるものが「冷笑」であることは言うまでもないだろう。

　では，こうした冷笑は SKEP 尺度とどのような関係にあるのだろうか。オバミラーたちは広告懐疑という概念を「広告の主張を割り引いて受け止める度合い」であるとし，SKEP 尺度を「広告を疑う人と疑わない人を分けるだけでなく，疑う多数派のなかの懐疑度の差を測定するもの」だと述べている（上掲，p. 164）。そのような意味では，彼らが作成しようとしたのは広告を対象とする説得知識尺度であることになり，そうであれば，概念構成において「懐疑＝不信」という同語反復的で曖昧な定義を行うのではなく，懐疑と冷笑の違いをより明確にしておくべきだったと考えられる。

　しかも，話はそれで終わらない。SKEP 尺度の項目のワーディングにも重大な問題があるからである。SKEP 尺度を構成する項目は，その含意において，広告を「信用する」かどうかを尋ねている。しかし，そうした項目が広告への積極的な懐疑を測定できているとは限らない。というのも，広告を「信用しない」という回答は，「信用しない」ことを冷笑だと解釈した回答者については，それを「積極的な懐疑」だとは見なせないからである（注7）。そう考えると，SKEP 尺度で「高懐疑」とされた回答者には，広告が信用で

きるかどうか確かめる者と，広告を頭から拒絶する者が混在することになる。しかも，そうした違いは，尺度の項目間相関には表れないままとなるのである。

　このように，SKEP 尺度の一次元性には議論の余地がある。また，そのため，SKEP 尺度を用いた実証研究のなかには，結果の解釈に再検討の余地を残しているものがあるかもしれない。そこで本論では，以上の議論を踏まえ，次のような提案を行いたい。まず，広告内容を信じない心理状態は「広告不信」と呼ぶことにする。ただし，この概念は広義の概念であり，広告懐疑と広告冷笑という 2 つの下位次元を有すると考えることにする。そして，こうした概念構成に基づき，実証研究に必要な心理尺度を新たに開発すべきである。

　なお，現状では，「広告不信」を測定するためにオバミラーたちの SKEP 尺度が用いられ，冷笑とは異なる「広告懐疑」を測定するためにベアーデンたちの説得知識尺度が用いられることが少なくない。もちろん，そうした 2 尺度の併用は，いずれか一方だけの使用よりも有益であるが，SKEP 尺度が一次元性に問題を抱えており，説得知識尺度が広告だけに限定されていない以上，今のような状況が続くことが望ましいとは思われない。やはり，より明確で安定した結果を得るためにも，概念の再検討を行って，より妥当性の高い測定方法を考案し，そのうえで実証研究を行うべきである。

第 6 節　ソーシャルメディアと広告不信

　以上のように，消費者の広告不信については概念と尺度の再検討が急務となっている。また，ネット広告への接触が不断のものとなるなか，オンライン消費者の広告不信も新しい局面を迎えている。そうした認識のもと，最後に，ネット広告を対象とした広告不信研究を紹介し，今後の研究方向について考えておくことにしたい。なお，ネット広告にもいろいろな種類があるが，ここではオンライン消費者から見たソーシャルメディアの重要性を考慮し，ネイティブ広告に注目する。

　ネイティブ広告とは，記事やコンテンツと同一のフォーマットで表示される広告のことである(注 8)。広告主から見れば「広告だと思わずに読んでも

らえる広告」ということになるが，同時に，そうした広告がオンライン消費
者の反感を買うことも懸念される。

　ノースダコタ大学のリーたちは，ネイティブ広告（ソーシャルメディア上
のインフィード広告）がブーメラン効果（boomerang effect）を持つかどう
か検証している（Lee et al., 2016）。ブーメラン効果とは，説得者の意図に
反して，被説得者に唱導方向とは逆方向への態度変化を生じさせる効果のこ
とであるが，ネイティブ広告はなぜそうした効果を持ちうるのだろうか。

　心理的リアクタンス理論では，行動の自由を脅かされた個人は，脅威を否
定的に評価することで自由を回復しようとすると仮定される。リーたちはこ
うした理論を応用し，どんな広告も侵入的であるため否定的に評価される
が，ネイティブ広告はコンテンツと同様の形式をもっており，非侵入的だと
認知されるため，相対的には消費者に肯定的に評価されシェア意図を高め
る，と予測した(注9)。

　しかし，ネイティブ広告がコンテンツと同様の形式を有するというまさに
その点が，消費者に「操作のための隠された形式」だと見なされる可能性も
ある。そうなると，説得知識モデルに従えば，消費者は説得の試みに説得知
識を用いて反応することになり，ネイティブ広告の操作性は消費者に否定的
に評価され，広告への態度とシェア意図は低下すると予測される。

　はたして実際に起こっていることはどちらに近いのか。リーたちはクラウ
ドソーシングサービス（MTurk）を使い，過去半年間にネイティブ広告を
見たことのある消費者が，実際にネイティブ広告をどう捉えているか，Web
調査を実施した。

　その結果によると，まず，ネイティブ広告を非侵入的だと見なす者ほど，
ネイティブ広告への態度（A_{NA}）が肯定的であり，ネイティブ広告のシェア
意図（I_{NA}）も高いことがわかった。また，ネイティブ広告を操作的だと思う
かどうかは A_{NA} や I_{NA} とは関連していなかった。しかし，広告懐疑（SKEP
尺度依拠）が強いほど，非侵入性や操作性の知覚に関わらず A_{NA} や I_{NA} の
得点が低いことから，条件によらずネイティブ広告に否定的な消費者がいる
ことも示唆された。ただし，説得知識が豊富な消費者については，ネイティ
ブ広告が非侵入的だと見なされれば，必ずしも A_{NA} と I_{NA} の得点が低くなる
わけではないことも明らかとなった。こうした結果から，リーたちは，ネイ

ティブ広告は広告主が心配するほど強いマイナスの効果を持つわけではない，と述べている。

　しかし、以上のような結果から、ネイティブ広告に関する広告主の不安がなくなるわけではない。というのも，以上の結果はネイティブ広告の内容に接触していることを想定した話だからである。オンライン消費者のなかには，ブラウザの設定を変えたりアプリケーションを利用したりして，ネット広告に接触しないようにしている者も少なくない。そう考えると，今後は広告不信とともに，広告回避（ad avoidance）についての研究も必要とされるように思われる。

　これまで広告は，自由市場の競争によって内容や表現を強調する必要性に迫られ，その結果，消費者の広告不信が高まるというパラドキシカルな状況を生み出してきた。また，そうした状況は情報環境の変容によって新たな段階を迎え，現在では，広告の内容が疑われるだけでなく，広告でないものまで広告ではないかと疑われるようになっている。さらに言えば，広告は広告接触を高める必要性に迫られるあまり，広告回避を助長するというアイロニーさえ生み出してしまっているようにも見える。

　そうした状況のなか，消費者の心を支配しているのは懐疑なのか，それとも冷笑なのか。そして，どうしたら，そうした状況を改善することができるのか。こうした問いに答えることも，今後の社会心理学の課題であるように思われる。

■注

注1　https://mantan-web.jp/article/20200127dog00m200064000c.html（2020 年 3 月 31 日）

注2　https://www.disney.co.jp/corporate/news/2019/20191205.html（2020 年 3 月 31 日）

注3　ここで言う広告意識を指して態度という言葉を使う議論もあるが，広告への態度（Aad）が特定の態度理論に依拠していることに比べると，そうした議論では態度が厳密に定義されていないことも少なくない。

注4 公共広告懐疑の原語は social ad skepticism。タコールたちは social ad をソーシャル・マーケティングのための広告という意味で用いているが，ソーシャルメディアの登場により social ad という言葉が多義的になったため，ここでは公共広告と意訳した。

注5 隠蔽効果（overshadowing effect）とも呼ばれる。なお，これまでヴァンパイア効果という言葉は実務家用語であったが，今日では学術論文でも用いられている（Erfgen et al., 2015）。

注6 この概念はスタンフォード大学のライトが消費者行動研究学会（ACR）の会長就任演説で唱えた schemer schema が嚆矢であるとされている。なお，説得知識尺度には，南カリフォルニア大学のベアーデンたちが作成した消費者自信尺度の下位尺度が使われることが多い（Bearden et al., 2001）。

注7 この問題は「疑う」という言葉を使っても完全には解消されない。そのため，広告不信の実証研究には広告懐疑尺度（広告説得知識尺度）と広告冷笑尺度の作成が必要であると考えられる。なお，そうした尺度が作成されれば，SKEP 尺度の測定内容についても詳しい検討が可能となる。

注8 一般社団法人インターネット広告推進協議会はネイティブ広告を次のように定義している。「デザイン，内容，フォーマットが，媒体社が編集する記事・コンテンツの形式や提供するサービスの機能と同様でそれらと一体化しており，ユーザーの情報利用体験を妨げない広告」（「ネイティブ広告ハンドブック 2017」より）。
（https://www.jiaa.org/download/JIAA_nativead_handbook.pdf, 2020 年 3 月 31 日）

注9 リーたちが問題にしているのは説得内容への反応ではなく，広告接触の特性（非侵入性と操作性）への反応である。そのため，彼らの議論が心理的リアクタンス理論に基づいていると言えるかどうか議論の余地がある。

■引用文献

Bearden, W. O., Hardesty, D. M., & Rose, R. L.（2001）. Consumer self-confidence: Refinements in conceptualization and measurement. *Journal of Consumer Research*, **28**, 121-134.
Boush, D. M., Friestad, M., & Wright, P.（2009）. *Deception in the marketplace: The psychology of deceptive persuasion and consumer self-protection*. New York: Routledge.（安藤清志・今井芳昭(監訳)（2011）. 市場における欺瞞的説得：消費者保護の心理学　誠信書房）
Cappella, J. N., & Jamieson, K. H.（1997）. *Spiral of cynicism: The press and the public*

good. New York: Oxford University Press.（平林紀子・山田一成（監訳）(2005)．政治報道とシニシズム：戦略型フレーミングの影響過程　ミネルヴァ書房）

Cheng, Z. H., Chang, C. T., & Lee, Y. K.（2020). Linking hedonic and utilitarian shopping values to consumer skepticism and green consumption: the roles of environmental involvement and locus of control. *Review of Managerial Science*, **14**, 61‑85.

Darke, P. R., & Ritchie, R. J. B.（2007). The defensive consumer: Advertising deception, defensive processing, and distrust. *Journal of Marketing Research*, **44**, 114‑127.

Diehl, S., Mueller, B., & Terlutter, R.（2007). Skepticism toward pharmaceutical advertising in the U.S. and Germany. *Advances in International Marketing*, **18**, 31‑60.

Erfgen, C., Zenker, S., & Sattler, H.（2015). The vampire effect: When do celebrity endorsers harm brand recall?. *International Journal of Research in Marketing*, **32**, 155‑163.

Friestad, M., & Wright, P.（1994). The persuasion knowledge model: How people cope with persuasion attempts. *Journal of Consumer Research*, **21**, 1‑31.

Friestad, M., & Wright, P.（1995). Persuasion knowledge: Lay people's and researchers' beliefs about the psychology of advertising. *Journal of Consumer Research*, **22**, 62‑74.

Kang, J.（2020). The effect of ad skepticism and celebrity preference on brand attitude change in celebrity‑endorsed advertising. *Japanese Psychological Research*, **62**, 26‑38.

Lee, J., Kim, S., & Ham, C. D.（2016). A double‑edged sword?: Predicting consumers' attitudes toward and sharing intention of native advertising on social media. *American Behavioral Scientist*, **60**, 1425‑1441.

MacKenzie, S. B., & Lutz, R. J.（1989). An empirical examination of the structural antecedents of attitude toward the ad in an advertising pretesting context. *Journal of Marketing*, **53**, 48‑65.

Obermiller, C., & Spangenberg, E. R.（1998). Development of a scale to measure consumer skepticism toward advertising. *Journal of Consumer Psychology*, **7**, 159‑186.

Obermiller, C., & Spangenberg, E. R.（2000). On the origin and distinctness of skepticism toward advertising. *Marketing Letters*, **11**, 311‑322.

Obermiller, C., Spangenberg, E. R., & MacLachlan, D. L.（2005). Ad skepticism: The consequences of disbelief. *Journal of Advertising*, **34**, 7‑17.

Singh, S., Kristensen, L., & Villaseñor, E.（2009). Overcoming Skepticism towards cause related claims: the case of Norway. *International Marketing Review*, **26**, 312‑326.

Thakor, M. V., & Goneau‑Lessard, K.（2009). Development of a scale to measure skepticism of social advertising among adolescents. *Journal of Business Research*, **62**, 1342‑1349.

Zhou, L., Poon, P., & Wang, H.（2015). Consumers' reactions to global versus local advertising appeals: A test of culturally incongruent images in China. *Journal of Business Research*, **68**, 561‑568.

■参考文献

五十嵐正毅（2009）．広告懐疑に関する研究の展開と課題　商学研究科紀要，**69**，185-199.

五十嵐正毅（2015）．広告研究における説得知識の考察意義：説得知識研究の概観と日本国内調査の一例　商経論叢，**55**，1-22.

五十嵐正毅（2018）．消費者の広告への懐疑意識が広告の受容に与える影響　日経広告研究所報，**52**，12-19.

峯尾圭（2016）．第三者機関による推奨を含む機能性食品広告に対する消費者の反応：制度に関する知識と広告懐疑の関係性　商学研究科紀要，**83**，61-79.

第8章 対人関係のダークサイド

ストーキングと悪質クレーマーの分析から

桐生正幸

第1節　はじめに

　本章では，社会心理学にて多くの知見を生み出している「対人関係」の研究領域において，犯罪心理学の視点から新たな研究テーマを提案するものである。特に，近年大きな社会問題になっているストーキングと悪質なクレーマーを取り上げて論を進めてみたい。

　筆者は，犯罪現場の観察，被疑者や被害者や目撃者への面接，事件分析や心理鑑定をかつて行っていた。20年ほど前までは，犯罪心理学は精神医学や臨床心理学の専門領域であり，暗に犯罪者を一般人とは異なる存在として扱う傾向が強かった。犯罪心理学イコール異常心理学といった暗黙の位置づけである。犯罪の原因は主に加害者側に帰属させられ，たとえば万引きは少年の心の問題とし，万引きを誘発する店内の環境については注意を払われることが滅多になかった。確かに，精神医学領域の事例も少なからず見受けられた。しかしながら，ほとんどの犯罪はそれに該当しないことに，仕事を通じて気づいたのである。犯罪は加害者要因だけでは説明しにくく，被害者や被害対象との関係性や，そのときの状況要因が関与していた。

　たとえば，殺人事件の大部分は，顔見知りによる犯行である（法務省，2013）。人間関係や恋愛関係のトラブル・軋轢から，問題解決のために殺人という方略が選択され攻撃行動が生起する。人を殺してみたかった，といった動機による殺人は滅多に出現しない。

　連続放火犯は，日ごろの不満を発散させるために住居や仕事場のほどよく離れた周辺に火をつける。被害地域の人達や地元のマスメディアが騒ぎ出すと，自分が注目されているよう感じ，次第に愉快犯となって放火し続ける。初めは，近隣の住民に対しての悪意的態度が，次第に地域社会に対しての態

度に変容していく。

　侵入窃盗事件には一定の手口を有する常習犯の犯行が多い。彼らは，周辺エリアの下見をし，ターゲットとする建物の特徴をつかみ，最適な逃走経路を確認して「営業」を開始する。消費者の心理把握に長けた優秀なセールスマンのようである。

　これらのことは，対人行動，攻撃，個と集団，態度といった社会心理学の研究テーマに犯罪行動を結びつけることができる可能性を示唆している。精神疾患や異常性からの研究アプローチよりも，日常的行動のひとつとして捉えた研究アプローチのほうが，日々，発生する犯罪に対し，より有効な知見をもたらす可能性を秘めている。「犯罪者は異常者である」といったステレオタイプが取り払われることにより，犯罪行動は，我々の了解可能な社会的行動となるのである。

第2節　日本における犯罪心理学の動向

　まず，犯罪心理学が日本においてどのように研究されてきたかを概観してみたい（桐生，2016a，2018a）。

　東京帝国大学哲学科心理学専修で元良勇次郎の指導を受けた寺田精一（1884〜1922）は，日本初の犯罪心理学者である。彼の研究は，虚偽告白の検出，犯罪者の迷信，累犯時の精神状態，供述における記憶の正確度など，現在の心理学の研究テーマに通じるものであった（寺田，1926：若林・佐藤，2012）。しかしながら，それら研究分野が，以後，日本の犯罪心理学研究の主流になったわけではない。寺田以降は，司法精神医学の分野の研究者が中心となり，法廷における責任能力や精神疾患，酩酊等に関する研究などに主眼が置かれることとなる。たとえば，「犯罪生活曲線」（吉益，1958）の研究で有名な吉益脩夫，放火犯の精神鑑定事例などの著書を残した中田修，重要事件の精神鑑定を行い，テレビや新聞などのメディアでも多くの発言を残した小田晋，福島章などがいる。1963年，「日本犯罪心理学会」が発足したが，学会員の多数は矯正関連施設で働く臨床心理学領域の実務家であったため，精神科医の知見は重要であった。当初から，犯罪原因論と精神鑑定が主たる研究テーマとなり，学会大会では，主に非行におけるパーソナリティ，知

能，処遇・治療，再犯予測などの事例報告や，単純集計による分析結果がほとんどであった。

　一方，1950年代より，日本犯罪社会学は欧米の手法に影響を受け研究が盛んになる。星野（2009）は，①それまで生態学研究が主流であったが，1955年から1964年は社会過程論の導入と地域研究が，②1965年から1974年は実証的研究が増加しコーホートの追跡研究が，③1974年に日本社会犯罪学会が設立され，1984年頃までに犯罪観，犯罪予防，事例調査，観察法，手記分析などの多様な方法による研究が，④1985年以後は，環境犯罪学や社会統制理論の導入，高度な統計的分析が，それぞれ行われるようなったことを指摘している。この社会学をベースにした研究手法や犯罪事象への犯罪社会学的アプローチは，日本の犯罪心理学研究に大きな影響をもたらすこととなる。

第3節　実証的な犯罪心理学の登場：犯罪者プロファイリング

　非行少年に対する矯正，成人犯罪に対する精神鑑定による主な研究テーマは，1980年代以降に発生した事件に伴い変化することとなる。「金属バット殺人事件」（1980年），「名古屋アベック殺人事件」（1988年），「女子高生コンクリート詰め殺人事件」（1989年），「愛知県いじめ自殺事件」（1994年）といった少年らによる凶悪事件は，それまでの非行に関する理論やアプローチでは捉えきれない状況となってくる。加えて，1988年から1989年に発生した「東京・埼玉連続幼女誘拐殺人事件」，1995年にオウム真理教による「地下鉄サリン事件」，1997年，当時14歳の少年による「神戸市連続児童殺傷事件（いわゆる酒鬼薔薇事件）」が発生したことが，新たな犯罪心理学研究の方向性を定めることとなる。

　このような状況に対し，犯罪社会学者であった田村雅幸は，過去の事件データを収集，犯罪者に関わる有効な変数を統計的に分析し，犯罪捜査に役立つ資料を提出する必要があると考える。田村の研究「幼少児誘拐・わいせつ事件の犯人の特性の分析」（田村，1992）は，日本初の犯罪者プロファイリングの論文となる。

　現在の主要な犯罪者プロファイリングの手法は，多次元尺度構成法（Multidimensional Scaling：MDS）などを用いる統計的な犯罪者プロファイリングである。過去の多数の犯罪者データを処理し，類似ないし関連する個々の事件や変数のまとまりから犯行テーマを見出し，各犯行テーマの特徴を明らかにする。そして，分析対象の事件があてはまる犯行テーマから犯人の特徴を推定するものである。

　ここで，重要なのは統計的な犯罪者プロファイリングにて扱われる変数である。この変数選択の基本的枠組みは，社会学者フェルソン（Felson）が提唱した日常活動理論（routine activity theory）に準拠する。この考えは，「犯行可能者」と「格好の標的」と「監視可能者の不在」が，時間的，空間的に重なったときに犯罪が起こると主張したものである（Felson, 2002）。犯罪学者ロスモ（Rossmo）は，その犯罪機会構造を，犯罪＝（犯罪者＋対象－監視者）（場所＋時間）といったモデルに表しているが（Rossmo, 2000），統計的犯罪者プロファイリングは，これら要因を構成する変数を集約しデータベースを構築しているといえる。すなわち，犯罪者や被害者の属性，職業，行動，両者の関係性，目撃者や監視者の証言内容，事件発生や事後の出来事の時間や場所などが変数となっている。

　さて，現在の犯罪者プロファイリング手法は，「検挙済み犯罪者データから統計的手法を用いて帰納的に構築し，それを分析事件データに演繹的に適用する」（玉木，2017）と考えられる。しかしながら，MDSなどで布置されたカテゴリやサンプル間の距離は，必ずしも両者の結びつきを表しておらず，捜査方針に関わる意思決定の際に提供される仮説発見のための視覚的情報でしかない。基本的に記述的であって，十分に帰納的とは言い難い。つまり理論的背景や他分野における先行研究の知見が，ここにおいて必要となってくるのである（桐生，2018a）。社会事象に関する心理学的知見の多くは，社会心理学に蓄積されている。現実の犯罪事象を変数化し，探索的な統計分析で実社会を写し取る犯罪者プロファイリングにとって，この社会心理学の理論や研究手法が導入されることは，きわめて有意義だと考えられる。

　犯罪者プロファイリングの手法を用いた研究は，さまざまな犯罪行動に対し行われているが，近年，大きな社会的な問題となっている「ストーキング」と「悪質なクレーマー」にも，焦点が当てられ始めている。そして，こ

の2つの問題に対する研究において，加害者ばかりではなく，加害者と被害者との対人関係にも注目することが求められる。

そこで，それぞれの研究知見をふまえながら，今後の研究における社会心理学的アプローチの可能性について検討していきたい。まず，「ストーキング」についてである。

第4節　対人関係から見たストーキング

1980年代後半から「忍び寄ること」といった語源をもつ「ストーキング（stalking）」や，その行為者である「ストーカー（stalker）」の研究は，英米の犯罪心理学においても重要な研究テーマとなっている（桐生，2017）。

たとえば，ハーモンたち（Harmon et al., 1995）は，ストーキングと見なされる強迫的ハラスメントの事例48例を分析し，加害者は，男性（67%），白人（67%），大卒者（40%）が多く，平均年齢は40歳であったことを報告している。また，モハンディたち（Mohandie et al., 2006）は，1,005事例中，加害者は男性（64%），白人（54%），独身（48%）であったことを報告している。

一方，ハル（Hall, 1998）は，被害女性は，未婚者が最も多く（34%），離婚者（28%），初婚者（15%），別居中の者（12%）であったことを報告している。またカタラノ（Catalano, 2012）は，2009年の全米データより，①被害者は男性よりも女性が多く，②人種としてはアメリカ・インディアンやアラスカ・ネイティヴが最も多く，③被害年齢は24歳以下がほぼ半数を占め，④加害者との関係では，元夫や元のボーイフレンドといった以前に親密な関係があった場合が多いことを報告している。

日本におけるストーカー事案の加害者と被害者との関係を見ると，交際相手や元交際相手の関係が多い（桐生，2017）（図8-1）。ストーキングの形態としては「つきまとい・待ち伏せ等」が最も多く，続いて「面会・交際の要求」，「無言電話・連続電話・メール」などが続く。ストーキングの動機であるが，「好意の感情」，「好意が満たされず怨恨の感情」などが多い。

島田と伊原（2014a）は，2012年に警察に相談があった200のストーカー事案を多重コレスポンデンス分析を用いて分類を試みている。その結果，

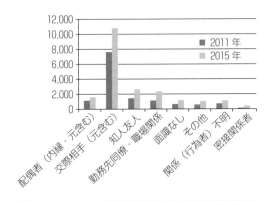

図 8-1　ストーカー事案の加害者と被害者の関係（2011年と 2015 年との比較）

　ⅰ元交際相手である行為者が，面会や復縁を求めて連続電話や大量のメールを送付する類型，ⅱ比較的若年の行為者が被害者に対して身体的暴力を振るう，あるいは凶器を見せる類型，ⅲ50 歳以上の行為者が，相手との交際を求めてつきまとう類型，ⅳ行為者が被害者に対して手紙や文書を送る，プレゼントを贈るといった電話やメール以外の手段によってストーキングを行う類型，の 4 類型が得られている。

　また，金政たち（2018）は，親密な関係破綻の後，ストーカー的行為の加害リスク要因について，過去の交際時の関係性，関係破綻後の思考や感情を測定するための尺度を作成し，それら尺度の予測力の検証，愛着不安や自己愛傾向などの要因によるストーカー的行為の仮説モデルの検討を行っている。それらの結果，パーソナリティ特性や交際時の関係性がストーカー的行為と直接的に関連していたのは女性のみであったこと，男性におけるストーカー的行為に対する介入においては，別れ方や別れた後の経験に注視する必要性があることなどが示唆された。また，相手から見捨てられることに対する過度の不安，交際時に相手やその関係を唯一無二だと感じる傾向が，関係が破綻した後でも，相手は自分を受け入れるべきという執着心を掻き立てることで，ストーカー的行為を増大させる経路が男女共通で認められた。

　このように，ストーキングに関する研究は，被害者と加害者のそれぞれの分析とともに，その対人関係についても検討しているのが特徴であり，対人関係や攻撃行動といった社会心理学的テーマによる研究アプローチが可能な

ことが予測される。特に「ストーキングのエスカレーション」,「高齢者によるストーキング」,「インターネットによるストーキング」に対し,今後,寄与していくものと考えられる。

第5節　ストーキングのエスカレーション

ストーカーのタイプによって,エスカレーションの可能性が異なることが予測されている (Mullen, 2000)。

ストーキングでの暴力的行為の出現率を,被害者との以前の関係性にて分析した研究では,親密な関係であった場合は65%が,単に知人であった場合は37%が,まったくの他人だった場合は27%が,それぞれ暴力行為を行っていた。加えて,人格障がいと薬物中毒とが併発している場合に暴力行為が多いことも示された (Harmon et al., 1998)。ストーカーの暴力危険評価について研究を行っているローゼンフェルドたち (Rosenfeld, 2004, Rosenfeld & Lewis, 2005) は,ストーカーの年齢や教育水準が低いこと,動機が復讐であること,親密な関係性があったことなどを危険予測の指標として明らかにしている。ストーカーにおけるエスカレーションの検討を行ったマックエンたち (McEwan et al., 2012) も,以前の親密な関係性があることが影響することを指摘している。

島田と伊原 (2014b) は,1カ所の警察本部で2012年8～10月に受理したストーカー事案に関する相談記録248件を,計量テキスト分析という手法で分析している。まず,それぞれの出来事(イベント)を7つのステージに分類しており,それらは,①出会い,②トラブル発生からメール,手紙,電話など危険性が伴わない接触,③つきまとい・待ち伏せ・押しかけや脅迫など身辺への危機,④警察への相談・通報,⑤相手方への指導警告,⑥検挙,⑦釈放,となった。そして,ステージ②のみを「慢性型」,ステージ②から③に発展したものを「エスカレート型」,ステージ③のみを「急迫型」とした。

分析の結果,交際ありの場合のほうが交際なしの場合よりも,「メールや電話による接触」,「粗野な言動」,「脅迫内容の言動・メール」の発現率が高かったことが,また交際なしでは「慢性型」に,交際ありでは「急迫型」に,それぞれなりやすいことが明らかとなった。加えて,「急迫型」のうち,

交際があった者の 3 割が，警察による指導警告を受けた後もつきまといなど
を行っていることから，この場合のストーカーの特質としてセルフコントロー
ルの乏しさを示唆している。

　さて，社会心理学の研究において，恋愛関係や夫婦関係の崩壊までのプロセ
ス，崩壊後に出現する行動変容についての研究が散見される。

　たとえば，恋愛関係における不満，葛藤の対処方法について，建設的な対処
行動が適応状態に及ぼす影響力よりも，破壊的対処行動が不適応状態に及ぼす
影響力のほうが強いことが示されている（Rusbult et al., 1986）。もし，不適
応状態のひとつのパターンとしてストーキングを考えることができれば，加害
者と被害者とのそれぞれの対処方略の交互作用からストーキングを予測する仮
説が考えられるだろう。そして，対処方略として攻撃行動が選択された場合に
は，ストーキングのエスカレーション促進プロセスが示されるかもしれない。
大渕（2011）は，攻撃行動を衝動的，戦略的の両面の特徴をもつとし，攻撃性
の二過程モデルを提案している。このような攻撃性のモデルに加え，怒りなど
の感情によって発現する情動的攻撃や，相手を服従させるために危害を加える
道具的攻撃，といったタイプを用いて，ストーキングの研究を試みる意義も大
きいであろう。

第 6 節　高齢者によるストーキングと インターネットによるストーキング

　次に，高齢者によるストーキングである。太田と警察政策研究センター
（2013）は，高齢者の人口増加以上に高齢者の犯罪が増加していること，その
増加率は他のどの年齢層よりも高くなっていることを明らかにしている。
警察庁の資料を用い，2013〜2015 年のストーカー事案の被害者，加害者の
状況について相談などの件数を分析したところ，被害者においては 10 歳代
が，60 歳代以上よりも多いのに対し，加害者においては 60 歳代が 10 歳代よ
りも多く，70 歳代は 10 歳代との差が年々縮まっていた（桐生，2017）。ま
た，太田たち（2016）の調査結果では，60 歳代以上の再発率が他の年代より
も高いことが示唆されている。

　シェリダンたち（Sheridan et al., 2014）は，イギリス，アメリカ，オース

トラリアにおけるストーキングに関する調査（1,604名）を行っている。その結果，高齢者ストーカーでは，ストーキング開始時の加害者と被害者との年齢の相関が見られず，ストーキングの対象とする被害者の年齢幅は大きく，また加害者と被害者は知人であることが多かった。これらの調査が示すように，高齢者によるストーキングは他の年代とは異なる傾向を有している。

　このような特質に対する要因として，ジェンダーに関する社会的，世代的な偏見・差別に起因する恋愛に対する認知の歪みが，高齢者に多く有されているのではないか，と考えられる（桐生，2018c）。

　この偏見・差別の背景にあるジェンダー・ステレオタイプに関し，沼崎（2018）はいくつかの特徴を指摘している。この中で，「規範的ステレオタイプ（『女性は優しくあるべきだ』とか『男性は優柔不断ではいけない』といった男女に求められる，または，禁止される特性）が存在する」，「男性・女性の双方が，このようなステレオタイプや社会的役割をある程度受容している」といった特徴は，高齢者ストーカーを検討するうえで，きわめて示唆に富む。すなわち，高齢者男性が所属する世代の異性間の恋愛は，これら規範的ステレオタイプと同世代の女性の役割受容によって成り立っていたが，現在の社会状況が変化したことに気づかず，以前のまま行動することでストーキングになってしまう，といった仮説が考えられよう。

　3つ目は，インターネットによるストーキングである。インターネットによるメールやSNSをストーキングの道具とした事例は多い。たとえば，ストーカー規制法改正のきっかけとなった「逗子ストーカー殺人事件」は，2,000通ほどの大量の脅迫メールが送り続けられた事件であった。

　しかしながら，インターネットによるメールやSNSを用いたストーキングの心理学的研究は乏しい。インターネットの機能を道具としてストーキングを行うことが，ストーカー自身に対し，どのような影響を与えるのか，また行動変容を起こさせるのかといった研究が求められる。藤と吉田（2009）は，ネット上での行動内容を，「現実生活における居場所のなさが，ネット上での行動を介して，社会に対する攻撃性に影響を及ぼす」といったプロセスを想定し，ブログなどの心理学的な影響を検討している。このようなモデル検証型の研究設計は，インターネットによるストーキング研究において有効であろう。なお，越智（2018）は，情報セキュリティ行動を促進，抑制す

る要因を質問紙調査により検討しているが，ネット上でのストーキング行動の促進，抑制の要因も，同様の研究方法で検討できる可能性も考えられる。

第7節　悪質なクレーマーの出現

　次に，消費者による悪質なクレームについて考えてみたい。近年の消費者の苦情内容や行動が，悪化したと指摘されてから久しい（幸山，2009）。商品やサービスに対する苦情行動が増加し，店員などへのハラスメントや威力業務妨害や暴行といった犯罪に進展するような悪質クレームに変化してきている。

　UAゼンセン（2018）が，流通部門の接客担当者（販売・レジ業務・クレーム対応スタッフ等）49,876名の調査回答を分析したところ，「あなたは，業務中に来店客からの迷惑行為に遭遇したことがありますか」の質問に対し，「ある」と回答したのは70.1％であった。そして，迷惑行為の中で最も多かったのが「暴言」（66.5％）であり，その内容は，「ブス」，「ババア」，「バカ」，「殺してやる」，「土下座しろ」などであった。

　このように消費者の苦情行動が悪質化した場合，直接的に対応できる「悪質クレーマー規制法」のような法律はない。そのため，現行法にて該当する行為に至らないと，法的な対応は難しい。現行法で対応した例としてたとえば，2013年に札幌市内の衣料店で発生した悪質クレーム事例では，ある女性が購入した商品に穴が開いていたことから，店までの交通費の支払いを要求し，加えて従業員2人に土下座をさせた写真をSNSにて公開していたとして，強要の疑いで逮捕されている。

　さて，現在，悪質なクレームに対する知見としては，消費者行動に詳しい実務者や弁護士等による経験則に基づくものが多い。そして，それらは実務的な対処法に関する言及である。

　桐生（2016b）は，それら公表されている消費者窓口対応での事例，出版物などの事例，インターネット上での事例など任意で収集し，苦情行動を表していると思われる表現を抽出し，それら表現内容を用いて苦情行動の発現要因と対策ポイントに関するモデルを試作している（図8-2）。

　このモデルでは，まず苦情者の心理的要因として，苦情者の感情要因，特

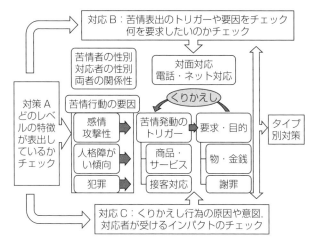

図8-2　苦情行動の発現と対策に関するモデル

に高い攻撃性の有無，人格障がい等の精神疾患等の有無，意図的な犯罪性の有無，の3つに大別し，そこに苦情者や対応者の属性，両者の関係性が背景要因として関与すると想定する。この心理的要因と苦情行動のトリガー（商品やサービスなどの不全，接客対応の不備）との関連によって苦情行動は発動する。そして，要求するものや苦情目的（物や金銭か，謝罪か），苦情行動の繰り返しなどによって，苦情者のタイプが大別されると考える。そして，実際場面にて苦情行動に対応する場合は，苦情行動の要因をチェックする「対策A」，苦情行動の発動トリガーと目的をチェックする「対策B」，対応者が受けるメンタルストレス等をチェックする「対策C」を，それぞれに検討し，苦情行動のタイプごとに具体的な対策案を講じることを提案している。

第8節　悪質なクレーマーへの研究アプローチ

　さて，このような苦情行動や悪質なクレーム行動に関して，日本における心理学研究はあまり見当たらない。
　海外においては，経営やマーケティングに関連する心理学領域にて，たとえば，消費者苦情行動（Consumer complaint behavior：CCB）に関するモ

デルを提案し，それに基づき適切な企業側の対応に言及するといった研究が散見される。ただ後述するが，消費者行動においては，それぞれの国の文化や社会システム，購買行動の意識，移民の大小といった要因が関わると考えられ，日本における悪質なクレーマー研究の蓄積が必要となるだろう。

　池内（2010）は，苦情行動の生起メカニズムを欲求不満攻撃仮説に基づいて検討し，「欠陥商品（サービス）に対する苦情生起傾向」「物品・謝罪請求に対する正当化傾向」「接客対応に対する苦情生起傾向」「金銭請求に対する正当化傾向」といった4つの因子を抽出している。そして，苦情経験の有る群は，無い群と比べて商品の不具合や接客対応の悪さなどの状況で苦情を生じやすく，物品や謝罪，金銭などの請求を正当化しやすいことを見出している。また，性格特性と苦情に対する態度との関係を見たところ，①自尊感情が高い人ほど，②自分の情動を自分で調整できると思っている人ほど，それぞれ苦情に対して肯定的な態度をもつ傾向があることを指摘している。ただ，この研究は一般消費者による苦情行動を分析したものであり，悪質なクレーム行動について言及したものではない。

　桐生（2018b）は，「悪質なクレームとは，商品やサービス，性能，補償などに関し，お客・消費者が不満足を表明したもののうち，そのお客・消費者が必要以上に攻撃的であったり，感情的な言動をとったもの，または悪意が感じられる過度な金品の要求があったもの」と定義し，Web調査を行った（図8-3）。調査対象は日本全国の百貨店，スーパー，コンビニエンスストア，衣服・履物小売，食品・飲料小売，飲食店（酒類の提供なし）などの接客担当者（273名）である。

　まず，回答者からの事例としては，「男性（70代）。レシートを手渡ししなかったことについてのクレーム。クレーマーの手がふさがっていたので，ひとこと断ってからエコバッグに入れたのが気に入らなかった。まず最初に，当方ではなく他の店員と勘違いして，その店員にクレームをつけ，途中で違うとわかったが謝意はまったくなかった」，「女性（60代）。自分の履歴についての確認で，当方が承知していないこと，かつ答える必要のないことについて，丁寧に調べわかったことについては答え，わからないことについてはわからないことを伝えたが，明確な回答がないといい足掛け6年間にわたって電話をかけ，また直接関係していない担当の事務所に押しかけてきたりし

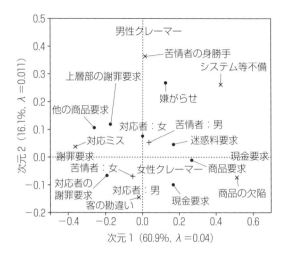

図8-3　Web調査による回答の一部を対応分析した布置図

た。頭が良く，行動的で良く調査してから電話をかけてくる」といったものがあった。

　次に，対応者とクレーマーの性別，苦情の原因と要求を変数として，多重対応分析を行った結果，商品欠陥や販売システムの不備と金品要求との関連が，また接客対応のミスと謝罪要求との関連が，それぞれうかがわれた。そこで苦情原因と苦情要求とのクロス集計を行ったところ有意な関連が認められた。接客担当者の対応ミスは謝罪を，商品の欠陥は金品の要求をもたらすことが示唆された。ただ，この結果は接客担当者の体験を分析したものであることから，悪質なクレーマーの直接的な行動を分析したものではない。

第9節　悪質なクレーマー研究の今後

　ただし，悪質なクレーム行動の行為者に対する直接的な質問紙調査は難しいと考えられる。

　今後，事例を収集し属性や行動を変数化して分析する犯罪者プロファイリング的な研究手法や，悪質クレーマーのモデルケースに対して，なんらかの条件を与えた回答者に評価させる質問紙実験などが求められるだろう。以下に，大学生に対する調査結果を示す。これら結果は，多変量解析の変数設定

や実験での仮説の検討への寄与を期待できるかもしれない。

　田中たち（2013）は，クレームを「問題解決を求めている場合の要求・主張」と定義し，大学生を対象としてクレーム行動の実態を把握しクレーム体験後の行動を分析している。その結果，半数近くの学生にクレーム体験がなかったこと，クレーム体験後の行動において，性差が示唆されたことを報告している。

　桐生（2018b）は，「『苦情行動』とは，商品やサービス，性能，補償などに関し，あなたが不満足を表明したもののうち，必要以上に攻撃的であったり，感情的な言動をとったもの，または悪意があったものとし，直接，店員などに苦情を言ったり，電話で伝えたり，ネットなどに書き込みなどしたものとします」と定義し，「あなたが今までに経験した，最も印象に残っている自身の苦情行動の１つについて，お尋ねしていきます。『いつ，どこで（お店や組織名），何がきっかけで，誰に，どのような手段方法で，どの程度，どんな苦情を伝えたのか，その他』を，自由記述で下記に書いてください」と印刷された調査紙を配布して回答を求めている。

　その結果，悪意がある苦情と判断されたのは32.8％（女性が37.3％，男性が23.1％）であった。「性別（男女）」，「対象店舗の種類」，「苦情行動の原因」，「苦情の伝達方法」，「苦情行動の態度」を変数とし，多重対応分析を行ったところ，３つのタイプが示唆された。すなわち，①店舗のシステムや環境などに不備があり，直接口頭で伝え，攻撃性が低いタイプ，②従業員などの接客態度に問題があり，インターネットや電話を介して伝える攻撃性が高いタイプ，③その他のタイプであった。このように大学生に対するそれぞれの研究では，前者は苦情行動の実態を，後者では悪意のある苦情行動の実態を，それぞれ調査して分析している。前述したようにこれら結果は，今後の研究における変数や条件の設定に参考となることが期待されよう。

　さて，消費者行動の実証的研究において社会心理学の影響は大きい（山田・池内，2018；守口たち，2019）。それら研究の中で，悪質なクレーマーに関連すると考えられる理論に，「期待不一致モデル」がある（Oliver, 1980）。

　これは，顧客満足度に関する理論のひとつであり，期待を実際の成果が上回れば満足を感じ，期待より実際の成果が低ければ不満足を感じる，とするものである。苦情行動や悪質なクレーム行動は，不満足を感じたことにより

発動すると想定すれば，このモデルの応用性は高いと考えられる。また，このモデルをベースにした満足度を測定する尺度として，「アメリカ顧客満足度指数」や「日本版顧客満足度指数」があることから，苦情行動や悪質なクレーム行動に関する質問尺度の開発も可能であろう。

　なお，アメリカにおいては，日本のようなタイプの悪質なクレーマーが出現しにくいようである。そのひとつの理由として，店側との間にトラブルが発生したときには，すぐさま訴訟をおこす文化的背景があるからだと考えられる。また，ソロモン（Solomon, 2013）は，アメリカにおいて製品やサービスに満足できなかった場合，企業側が問題を解決すれば，その店がさらに好きになり，解決しなければ買い物をする店を変える傾向がある，と指摘している。

　日本における悪質なクレーマーの出現には，消費者の購買行動の文化的背景や企業風土の特質に準拠する要因が大きいと推測される。いわゆる「お客様は神様」といった企業サービスと，それを当たり前とする消費者との関係性のバランスが，近年，保たれなくなったのではないだろうか。他社との行き過ぎたサービス比較や，ネットなどの風評被害に対する過敏反応から，悪質なクレーム行動に消費者は駆り立てられ，企業は甘受する社会システムが形成されてきたものと考えられる。その意味から，諸外国との比較を通し，店員とお客との関係や企業と消費者との関係を視野に入れた対人関係研究，態度や社会的行動といったマクロな視点での研究を，今後進めていく必要があろう。

■文献

Catalano, S.（2012）. Stalking victims in the United States-revised. *Bureau of Justice Statistics. Special Report*, NCJ224527. United States Department of Justice.

Felson, M.（2002）. *Crime and everyday life*. 3rd ed. Pine Forge.（守山正（監訳）（2005）. 日常生活の犯罪学　日本評論社）

藤桂・吉田富二雄（2009）. インターネット上での行動内容が社会性・攻撃性に及ぼす影響：ウェブログ・オンラインゲームの検討より　社会心理学研究，**25**, 121-132.

Hall, D. M.（1998）. The victims of stalking. In J. R. Meloy（Eds.）, *The psychology of stalking: Clinical and forensic perspectives*. Academic Press. pp. 113-137.

Harmon, R. B, Rosner, R., & Owens, H.（1995）. Obsessional harassment and erotomania in a criminal court population. *Journal of Forensic Sciences*, **40**, 188-196.

Harmon, R. B., Rosner, R., & Owens, H.（1998）. Sex and violence in a forensic population of obsessional harassers. *Psychology, Public Policy, and Law*, **4**, 236-249.

星野周弘（2009）．20世紀における犯罪社会学の発展系譜　犯罪學雜誌, **75**, 133-145.

法務省（2013）．無差別殺傷事犯に関する研究　法務総合研究所研究部報告, **50**.

池内裕美（2010）．苦情行動の心理的メカニズム　社会心理学研究, **25**, 188-198.

金政祐司・荒井崇史・島田貴仁・石田仁・山本功（2018）．親密な関係破綻後のストーカー的行為のリスク要因に関する尺度作成とその予測力　心理学研究, **89**, 160-170.

桐生正幸（2016a）．犯罪心理学 捜査と防犯：犯罪科学が学べる WORKBOOK　現代図書

桐生正幸（2016b）．犯罪心理学による悪質クレーマーの探索的研究，東洋大学21世紀ヒューマン・インタラクション・リサーチ・センター研究年報, **13**, 45-50.

桐生正幸（2017）．ストーキング　越智啓太・桐生正幸（編）テキスト司法・犯罪心理学　北大路書房　pp. 163-179.

桐生正幸（2018a）．犯罪者プロファイリングはホームズの叡智を獲得したのか？心理学評論, **61**, 344-358.

桐生正幸（2018b）．犯罪心理学による悪質クレーマーの探索的研究（2），東洋大学21世紀ヒューマン・インタラクション・リサーチ・センター研究年報, **15**, 35-39.

桐生政幸（2018c）．高齢者によるストーキング　越智啓太（編）高齢者の犯罪心理学　誠信書房　pp. 53-72.

McEwan, T. E., MacKenzie, R. D., Mullen, P. E., & James, D. V.（2012）. Approach and escalation in stalking. *The Journal of Forensic Psychiatry & Psychology*, **23**, 392-409.

Mohandie, K., Meloy, J. R., McGowan, M. G., & Williams, J.（2006）. The RECON typology of stalking: Reliability and validity based upon a large sample of north american stalkers. *Journal of Forensic Sciences*, **51**, 147-155.

守口剛・上田雅夫・奥瀬喜之・鶴見裕之（編）（2019）．消費者行動の実証研究　中央経済社

Mullen, P.E., Pathe', M., & Purcell, R.（2000）. *Stalkers and their victims*. London: Cambridge University Press.（詫摩武俊・安岡真（訳）（2003）．ストーカーの心理：治療と問題の解決に向けて　サンエンス社）

沼崎誠（2018）．ジェンダー　北村英哉・唐沢穣（編）偏見や差別はなぜ起こる？：心理メカニズムの解明と現象の分析　ちとせプレス　pp. 153-168.

越智啓太（2018）．情報セキュリティ行動を促進・抑制する要因　法政大学文学部紀要, **77**, 77-104.

大渕憲一（2011）．新版人を傷つける心：攻撃性の社会心理学　サイエンス社

太田達也・警察政策研究センター（2013）．高齢犯罪者の特性と犯罪要因に関する調査．警察庁　2020年4月現在 Web ページ削除

太田達也・黒田治・田中奈緒子・島田貴仁（2016）．平成27年度警察庁委託調査

研究：ストーカー加害者に対する精神医学的・心理学的アプローチに関する調査研究（Ⅱ）．警察庁
（https://www.npa.go.jp/safetylife/seianki/stalker/H27_researchreport.pdf，2020 年 3 月 31 日）

Oliver, R. L.（1980）. A cognitive model of the antecedents and consequences of satisfaction decisions. *Journal of Marketing Research*. **17**, 460-469.

Rossmo, D. K.（2000）. *Geographic profiling*. CRC Press.（渡辺昭一（監訳）（2002）．地理的プロファイリング：凶悪犯罪者に迫る行動科学　北大路書房）

Rosenfeld, B.（2004）. Violence risk factors in stalking and obsessional harassment: A review and preliminary meta-analysis. *Criminal Justice and Behavior*, **31**, 9-36.

Rosenfeld, B., & Lewis, C.（2005）. Assessing violence risk in stalking cases: A regression tree approach. *Law and Human Behavior*, **29**, 343-357.

Rusbult, C. E., Johnson, D. J., & Morrow, G. D.（1986）. Impact of couple patterns of problem solving on distress and nondistress in dating relationships. *Journal of Personality and Social Psychology*. **50**, 744-753.

幸山常男（2009）．科学的苦情対応に関する一考察：3 つの苦情キーワードと 5 つのアプローチ　ACAP 研究所ジャーナル，**3**，76-82.

Sheridan, L., Scott, A. J., & North, A. C.（2014）. Stalking and age. *Journal of Threat Assessment and Management*, **1**, 262-273.

島田貴仁・伊原直子（2014a）．ストーカー相談記録の形態素解析と加害に関する要因　日本行動計量学会第 42 回大会抄録集，44-45.

島田貴仁・伊原直子（2014b）．コーディングツールを用いたストーキングの時間的推移の検討　犯罪心理学研究，**52**，154-155.

Solomon, M. R.（2013）. *Consumer behavior: Buying, having, and being*. 10th ed. Pearson Education.（松井剛（監訳）（2015）．消費者行動論　ハードカバー版　丸善出版）

玉木悠太（2017）．統計的プロファイリング　越智啓太・桐生正幸（編）テキスト司法・犯罪心理学　北大路書房　pp. 297-313.

田村雅幸（1992）．幼少児誘拐・わいせつ事件の犯人の特性の分析　科警研報告防犯少年編，**33**，30-41.

田中泰恵・渋谷昌三・西川千登世・吉田正穂（2013）．大学生のクレーム行動について：「クレーム体験の頻度」と「クレーム体験後の行動」について　総合科学研究，**9**，71-79.

寺田精一（1926）．犯罪心理学　藤野京子（編）（2016）．近代犯罪心理学文献選第 3 巻　寺田精一（3）クレス出版.

UA ゼンセン（2018）．悪質クレーム対策（迷惑行為）アンケート調査結果
（https://uazensen.jp/wp-content/uploads/2018/09/池内教授悪質クレーム対策（迷惑行為）アンケート分析結果.pdf，2020 年 3 月 31 日）

若林宏輔・佐藤達哉（2012）．寺田精一の実験研究から見る大正期日本の記憶研究と供述心理学の接点　心理学研究，**83**，174-181.

山田一成・池内裕美（編）（2018）．消費者心理学　勁草書房

吉益脩夫（1958）．犯罪学概論　藤野京子（編）（2016）．近代犯罪心理学文献選第 6 巻 吉益脩夫　クレス出版

第9章 災害時の情報処理

社会心理学からの接近

田中　淳

第1節　社会情報論的アプローチ

　災害研究は，社会心理学が貢献してきた研究領域である。そもそも災害というものは，地震動や火山噴火，大雨等の極端な自然現象を引き金として，社会に物理的，経済的，社会的被害をもたらすからである。一般に，災害は，自然現象の規模と社会の側の脆弱性とで決まると見なされる。たとえば，国の地震火山観測計画では，「地震・火山災害は，地震や火山噴火の発生により生じる強震動，津波，火山灰や溶岩の噴出などの災害誘因が，人の住む自然環境や社会環境に作用し，その脆弱性により発生する」ものとされている（科学技術・学術審議会，2019）。どのように地震や降雨が大規模であろうとも，誰も住んでいない大海のただ中であれば，あるいは堤防等の施設の整備水準を超えなければ，適切な避難行動が事前にとられれば，少なくとも人的被害は発生しない。復興の段階でも地域の合意形成過程や被災者自らの復興理念に，災害からの復興もまた大きく規定される。つまり，災害の程度は，自然現象の規模とともに，集住の形や社会の営み，社会の準備の程度，人々の反応などにもまた規定されるのである。

　だからこそ，理学や工学とともに人文・社会科学の研究は不可欠となる。たしかに，災害研究は，理学ならびに工学を中心に進められてきたが，また人文・社会科学もこれまで研究を蓄積してきた。なかでも社会心理学は比較的早くから積極的に災害研究に関わってきた。その嚆矢を，三隅（1983）は，安倍北夫らの研究グループが実施した1964年の新潟地震発生時の人間行動の研究に見る。その後も，実験手法を用いた研究やフィールド調査に基づく多くの研究を生み，その成果が安倍北夫（1982）の『災害心理学序説：生と死をわけるもの』として取りまとめられていく。パニックに代表される災害

研究の論点そのものが，グループダイナミクスや集合行動論を背景にした研究領域と接合しやすかったからであろう。

　その後も，阪神・淡路大震災や東日本大震災をはじめとする災害を経て，研究の量も領域も拡大していった。その一端を記せば，リスク・コミュニケーション（中谷内，2012），実践協同（矢守，2009），心のケアや喪失感，惨事ストレス（松井，2005）などなどである。ソーシャルメディアや社会関係資本といった領域の研究も数多くある。ここでは，そのすべてを網羅することは難しいことから，災害研究のもうひとつの源流として挙げられる社会情報論的アプローチに限定して，社会心理学が見出してきた成果を概観してみよう。

　社会情報論的アプローチの源流は，1970 年代後半からの岡部慶三らを中心とする「災害と情報」研究会にさかのぼる。当時，東海地震対策として地震予知を前提とした法制度化が進められていたことから，地震予知情報への社会的反応に対する社会的要請が高かったためである。その後，地震予知情報から風水害や火山噴火災害などへ研究の対象を拡大していく。このアプローチの特徴は，適切な災害情報が与えられ，実行可能な環境下であれば，人間は適切な行動をとることができる合理的な適応主体だという基本的認識にある（田中，2014）。パニック神話という「通俗的なステレオタイプにとらわれることなく」（岡部，1983），予警報等に対する社会的反応の現れ方と規定因とを実証的に明らかにしていったのである。

　これらの膨大な研究から見出されてきた成果は，詳しくは田中と吉井（2008）に譲るとして，筆者なりにまとめると，住民反応については，①災害後のパニックはきわめて稀で，相互扶助の高まりが一般的，②情報だけで避難する人は少ない，③停電等のために必ずしも災害情報を入手できる環境にはいない，④避難等の判断や行動開始までに時間がかかる，⑤誤った災害イメージを持つか，何も知らない，⑥警報や避難勧告等が空振りに終わっても，住民は少なくとも 1 回は許容する，⑦災害を体験した直後は，情報に敏感になる傾向にある。

　同様に，警報等の災害情報の伝達については，ⅰ災害情報は，短期間では地域の間に広がらない，ⅱ降雨量など現象の説明よりも，とるべき対応指示が重要，ⅲ数値情報は理解されない，ⅳ自宅の被害に結びつく災害情

報の伝え方が必要，ⓥ調べにいかなくとも自動的に送られてくるプッシュ型メディアが必要，ⓥⅰ平常時に使われない緊急時専用のメディアの利用は難しい，ⓥⅱ不安や情報の不足が流言を生むといった傾向がある。

　これらの研究成果は，理学や工学の研究者に影響を与えつつ，また予警報や避難勧告等実際の防災行政にも深く関わってきた。しかし，依然として多くの逃げ遅れが発生し，人的被害をなくすことはできていない。ひとたび災害が発生した際には避難をするといった具体的な行動に結びつけるためには，あるいはもう少し広くいえば住宅を災害に強くしたり，比較的安全な地域を選択したりするには，どのような知識や情報を提供することが必要なのだろうか。この問いに対する挑戦を，避難意図モデルと知識の構造化から次節以降に紹介していこう。

第2節　計画的行動理論から見た避難意図モデル

　避難行動が命を守る最後の方策であることから，避難に関する研究への社会的要請はきわめて強い。このため，これまでも多くの研究や実践が，避難を促進したり，抑制したりする要因を明らかにしたり，あるいは実験やシミュレーションさらには実践を通じてその効果を評価したりしてきた。逆にいえば，素朴に信じられているほどには，単に地震や津波，火山噴火等の脅威を伝えるだけで避難を促進することはできないのである。実際に，これまでの研究を通じて多くの要因が指摘されてきている。たとえば，ソレンソンとソレンソン（Sorensen & Sorensen, 2006）は，避難行動の実施と共変する主要な要因として，物理的手掛かりから情報源の習熟性まで33の変数を挙げている。しかし，この多くの要因のいずれが決定的な要因として働いているのか，あるいはこれらの要因は独立して寄与するのか，それとも相互に関係して避難行動を規定しているのか明らかとなっていない。その結果，どのような要因に働きかけることが，避難行動を促進する可能性があるのかが明確に定式化されないままに，防災教育が実践されていることになる。

　これらの帰納的な分析に対して，「防御行動理論」（Rogers, 1983）や「計画的行動理論」（Ajzen, 1991）などの理論モデルから演繹的に，避難行動の前提に避難意図を仮定し，その避難意図構造を明らかにしようとする一連の

研究がある。広瀬（1994）は環境配慮行動を規定する要因としてリスク認知，責任帰属，対処有効性，実行可能性，便益費用，社会的規範の6因子を提案しているし，大友と広瀬（2007）は，非常持ち出し等日頃の備えについて，元吉と池田（2004）は水害リスクの受容について同様の観点から研究をしている。この中で，宇田川たち（2017，2019，2020）は，津波を対象にこれらの先行研究を踏まえ，平時の避難行動意図を規定する汎用モデルの構築を試みている。

　宇田川たち（2020）では，①リスク認知，②コスト，③実行可能性，④効果性評価，⑤主観的規範および⑥記述的規範の6因子を仮定し，各因子3項目計18問からなる設問を作成した。それぞれ操作的定義として，「リスク認知」は災害時に自宅に残ることの危険性，「コスト」は，避難以外に重視する行動や面倒など避難場所への移動を妨げる心理要因としている。「実行可能性」は，避難場所までたどり着くことが可能かどうかの認知要因であり，「効果性評価」は到達できれば助かるかどうかという避難場所の安全性の評価としている。「記述的規範」については周囲の避難実施率が高いと思う程度であり，「主観的規範」は周囲の他者からの期待である。

　因子分析の結果，理論モデル通りに6因子が認められた（表9-1）。そのうえで，避難意図を被説明変数とし，6因子の因子得点を説明変数とする重回帰分析を行った。なお，避難意図は，自宅にいるときに，強い揺れを感じたとき，長い揺れを感じたとき，津波警報が発表された場合，ならびに避難勧告等が発令された場合の4つの契機それぞれの避難意図を4段階で評定させた値の合成変数を用いている。その結果，避難意図に対して主観的規範とリスク認知の2因子が影響していることを見出している。

　さらに，避難行動意図を向上させるために，これらの因子に影響する具体的な要因を特定することで，地域における防災施策の方向性や，地域住民とのリスク・コミュニケーションで焦点をあてるべき事項を明らかにすることを期待して，これらの6因子に寄与する介入可能な要因の特定を試みている。これら6つの心理因子に有意な影響を及ぼしていた要因を一連の研究を合わせてみると，ⅰ効果性評価に関しては，避難場所の高さが，ⅱ実行可能性については避難場所までの距離や自分の体力が，ⅲコストについては同行避難の困難なペットや携帯の困難な家財の存在が，ⅳリスク認知につ

表 9-1　避難意図に関する因子分析結果（宇田川たち，2020 に基づき作成）

パターン行列 a

	I	II	III	IV	V	VI	h^2
地震が起きたら，周りの人も私が避難することを望んでいると思う	**.92**	.09	-.08	-.06	-.02	-.08	.72
周りの人は私に対して「大きな地震のときはあなたも避難したほうがいい」と思っている	**.78**	-.09	.01	-.04	.04	.04	.64
大きな揺れの後に自分が避難しないでいても，周りからとがめられることはないと思う	**-.29**	.11	-.06	.04	.12	.00	.16
地震のとき，急いで家から逃げても，途中で津波に巻き込まれてしまうと思う	.09	**.73**	-.03	.04	.07	.02	.50
地震の後に，すぐに家から逃げ出しても，無事に避難できる自信がない	-.04	**.68**	.14	.01	.03	.12	.56
地震が起きた後，すぐに家から逃げ出せば，避難場所まで無事にたどり着くことができると思う	.13	**-.67**	.12	.11	.09	.11	.57
自宅の建物は，津波に対して危険だと思う	-.03	.05	**.81**	-.06	.12	-.01	.62
津波がきたとき自宅に残っていても，たいした危険にはあわずにすむと思う	.00	.08	**-.71**	.02	-.01	-.02	.51
自宅まで，たいした水は来ないと思う	.03	-.02	**-.51**	-.02	.13	.12	.28
避難場所は津波に対して安全だと思う	-.12	.03	.06	**.88**	-.01	-.01	.70
いまの避難場所では，津波に対して十分ではないと思う	.04	.02	.21	**-.51**	.02	.04	.33
避難場所までたどりつければ命が助かると思う	.17	-.25	.02	**.38**	.03	.01	.39
大きな地震があっても，周りでは，すぐに逃げる人は少ないと思う	.06	.08	.11	.03	**.84**	.01	.67
強く長い揺れを感じたら，周りの人はすぐに避難すると思う	.22	.10	.13	.08	**-.48**	.05	.44
津波警報が出たら，地域の人で避難する人は多いと思う	.19	.07	.17	.06	**-.36**	.04	.31
避難をすると，支障が出てしまう大事なことがあると思う	.07	.02	-.13	-.02	.11	**.62**	.40
避難をすると，大切なものを失ってしまうかもしれないと思う	.00	.15	-.01	.08	-.04	**.60**	.43
家を離れて避難をしても，失うものやできなくなって困ることはない	.18	.16	-.03	.14	.18	**-.43**	.22

因子間相関						
I	-.29	.47	.30	-.31	.12	
II		.02	-.49	.21	.34	
III			-.05	-.27	.18	
IV				-.12	-.10	
V					-.08	

いては津波の浸水深が, ⓥ記述的規範については防災活動の活性度が, ⓥⅰ
主観的規範については地域防災活動への参加度や責任帰属認知などが見出さ
れている。もちろんたとえば地域防災活動への参加度は, 参加度が主観的規
範に影響を与えているのか, 主観的規範が参加度を規定しているのか, さら
には第 3 の要因が両者を規定しているのか特定できない。そうではあるもの
の, 地域の防災教育等で働きかけるポイントを定めるうえで参考となる要因
といえよう。

　さて, これまで概観してきた宇田川たちの研究には, いくつのかの論点が
ある。第一に, 宇田川たちが沼津市沿岸部で実施した調査では, 6 因子では
なく, 5 因子構造が見出された点である。具体的には, 理論モデルで仮定し
た実行可能性と効果性評価が 1 つの因子としてまとまる傾向が認められた
(宇田川たち, 2019)。同様に, 避難意図の規定因として, 主観的規範とリス
ク認知に加えて, 実行可能性と効果性評価とが合わさった避難の安全性評価
が有意であった。この点に関連して, 沼津市の対象地域では, 津波到達時間
が短く, 避難場所も限られる。このため, 地域防災リーダーによると, 避難
場所までたどり着けるか, また同時にその避難場所が安全かの両者ともに不
安を感じている住民も少なくないようだった。この点を考慮すると, 避難場
所は安全だが体力的な問題や経路の状況からたどり着けないと思っている実
行可能性と, たどり着いても避難場所が本当に安全か不安に思っている効果
性評価とがそもそも分離しにくい地域特性を反映している可能性がある。こ
のことから, むしろ現時点では, ここで示された分析手順を用いることで,
少なくとも津波避難に関しては, それぞれの地域課題を把握できる可能性が
ある。この推論を前提とすれば, この分析手順を用いることで, それぞれの
地域で, 平常時にどのような側面に働きかけることが有効かを示すことが可
能となる。

　第二に, ここで示した分析手法は平常時の避難意図を扱っており, 実際の
避難行動との比較が求められる点である。この点に関して, 平成 28 年 11 月
22 日福島県沖において発生した地震に伴って津波警報が福島県および宮城
県に発表された事例で調査した結果がある。この地震はマグニチュード 7.4
で, 福島県内では最大震度 5 弱を記録し, 実際に到達した津波は宮城県で最
大 144 cm, 福島県で最大 83 cm だった。平常時と実際の地震発生後との避

難意図構造の異同を比較するために，平常時に用いた尺度を項目は同じまま表現を実際の地震発生時に対応するように若干修正し調査した結果，記述的規範項目や主観的規範項目ならびにリスク認知に関しては，平常時と共通した因子構造が認められ，他方で実行可能性や効果性評価に関しては，「避難先までたどりつければ，命は助かると思った」などの楽観的・ポジティブな項目と，「すぐに逃げ出しても，無事に避難できる自信がなかった」などの悲観的・ネガティブな項目に分かれる傾向があった。さらに，実際の災害発生時の津波避難意図に対して，ポジティブな項目のみ有意な効果を持っていた。災害場面においては，命がかかるだけに抑止要因にあたるネガティブ項目は寄与が小さくなる可能性があると考えれば，リスク認知と規範に加えて，実行可能性や効果性評価を高めておくことが実際の避難にも有効であるとの推論も可能である。

　このように，地域によって大きな意味では因子構造を維持したまま，特定の因子が合わさったり，避難意図に対する規定力に差があったりしている。このことは，むしろ津波避難に関する地域環境の差異や地域の凝集性等の地域課題を浮き彫りにする可能性がある。もしそうであるならば，本研究で構築した汎用的な避難行動意図モデルに基づく調査票は，地域間比較研究にも有用といえる。さらに敷衍_{ふえん}していえば，火山噴火災害では避難の余裕時間が相対的には長くなり，実行可能性の寄与は小さくなったり，避難が長期に及ぶことからコストの寄与が大きくなる可能性も予想される。災害種別を考慮したリスク・コミュニケーションの内容を検討するにも，この汎用モデルが役立つものと期待される。

第3節　知識の構造化

　知識と避難を考えるうえで，実は多くの住民が基本的な知識を持っているものの，防災行動の実践にはつながっていないという問題がある。たとえば，沿岸住民の多くは，津波の基本的特性について知っている。「海の水が必ず大きく引く」および「必ず大きな揺れがある」という誤った信念が依然として認められたが，その他のたとえば津波は繰り返し来襲する，川を遡上する，防潮堤等の効果は限定的であることなど多くの知識を正しく理解して

いた。それにもかかわらず，避難率は十分とはいえない。

　さらに考えさせられるデータは，北海道駒ヶ岳の周辺住民調査の結果である。駒ヶ岳は，異常が検知されてから住宅に影響する噴火現象まで短期に推移するという特徴があり，噴火予知が時間的に間に合わない恐れがある。長年にわたり熱心に防災教育がなされてきた地域であり，その結果，住民は噴火予知の技術的可能性を他の地域と比べてきわめて低く見積もっている。しかし，噴火予知ができなければ，避難勧告も発令されないはずだが，避難の契機として避難勧告を挙げる住民は多い。噴火予知が難しいという知識と何を避難の契機とするかが結びついていないことになる。

　小林と田中（2017）は，常総市及び周辺の市の住民を対象にした調査から，Aという事象がBという事象に結びつくという事象間の因果関係の理解が限定的であることを明らかにしている。平成 27 年関東東北豪雨では，鬼怒川が茨城県常総市若宮戸地点から午前 6 時半ごろから溢水し，さらに 12 時半ごろに上三坂で決壊し，大きな被害をもたらした。しかし，破堤した 9 月 10 日の雨量は「今まで見たことがない激しさだと思った」人は常総市の 21％にとどまった（田中，2017）。実際に，鬼怒川上流域では 72 時間積算雨量が 600 mm を超えていたが，常総市周辺では 200 mm 前後であった（本間，2017）。常総市近くの下妻市の観測値で見ても，10 日は 5 時から 6 時に 15 mm を超える雨が降っている程度であり，破堤した昼頃はほとんど降っていなかった。この災害では，大きな河川の洪水は，破堤近傍の雨だけではなく，上流域の雨に規定されるという知識が求められることになる。

　災害直後の調査であったことから，「自分は知っていた」といった社会的に望ましい回答をしやすいバイアスを避けるために，理解度は周囲の人たちが知っていると思う程度という間接的な問いで調べている。その結果，「自分の地域で雨が降っていなくても，鬼怒川の水位は上流の雨で決まる」を周囲の人はよく知っていると思うと回答した人は 26.7％にとどまった。また「河川から離れていても，浸水することがある」は 19.3％，関東・東北豪雨でも問題となった「大きな河川の水位が上がると，支流から排水できなくなることがある」は 19.3％と低い水準にとどまった。

　そのうえで，上記のような知識を持っている人では，持っていない人と比べて，①溢水・決壊情報を早く入手していること，②避難勧告・指示の入手

も早いこと，③避難しないといけないと思った程度が高くなること（ただし
この傾向は避難勧告・指示が出されなかった地域に限られる）を見出してい
る。

　これらの結果は，災害に敏感な層ほど事象の関係性に関する知識を持ち，
同時に対応行動をとりやすい傾向を反映している可能性が高いものの，東田
たち（2004）の「数値や警報・注意報といった情報を提供することに重点が
置かれ，河川災害を理解するための枠組み（Schema）の提供がなかった」
という災害情報に関する批判の妥当性を示唆する結果といえよう。

　もうひとつ，一般人と専門家との知識の構造化のされ方に違いがあること
が，知識を適切な防災行動へ結びつけていけない可能性を示唆する研究があ
る。一般人に対して専門家は知識が広くかつ深いだけではなく，知識の構成要
素が体系化され，統合されていることが指摘されている（Horn & Masunaga,
2006）。この問題意識から，田中たち（2013）は1都3県（東京都，神奈川
県，千葉県，埼玉県）在住の成人男女2,000名を対象に調査を実施した。同
じ地震災害でも，倒壊による死者が多かった阪神・淡路大震災や津波による
死者が大半を占めた東日本大震災と比べて，首都直下地震では火災による被
害が支配的であるとされている。その原因は，「地震発生直後から，火災が
連続的，同時に多発し，地震に伴う大規模な断水による消火栓の機能停止，
深刻な交通渋滞による消防車両のアクセス困難，同時多発火災による消防力
の分散等により，環状六号線から八号線の間をはじめとして，木造住宅密集
市街地が広域的に連担している地区」があるためである（中央防災会議首都
直下地震対策検討ワーキンググループ，2013）。

　田中たち（2013）では，火災や都市防災の専門家に対して，首都直下地震
の課題と必要な対策を聞き取り，専門知としての火災被害の拡大構造を把握
した。そのうえで，首都直下地震が発生した場合に不安なことを5個まで自
由記述させ，この自由記述を分析した。

　まず確認しておきたいのは，第一に一般住民の間でも首都直下地震におい
て火災が危険だという知識を持っている点である。一般住民が感じている
「首都直下地震が発生した場合に不安なこと」として言及された単語は表9-2
に挙げたとおり，「家族」が最も多く，「安否」が続いている。つまり，家族
の安否を最も不安視していることになる。ついで，「倒壊」（421回）や「崩

表9-2　「首都直下地震が発生した場合に不安な
　　　　こと」の頻出語

名詞	頻度	サ変名詞	頻度
家族	1113	倒壊	421
安否	574	生活	420
食料	482	確保	370
ライフライン	360	避難	315
火災	306	連絡	246
食糧	267	崩壊	236
交通	250	帰宅	218
津波	249	不足	201
電気	233	仕事	173
自宅	220	心配	114

壊」（236 回）といった構造物被害，「食料」（482 回）・「食糧」（267 回）や
「生活」（420 回），「ライフライン」（360 回）といった生活支障と並んで，「火
災」（306 回）が挙げられている。

　第二に，地震時の火災の原因としては電気に由来する出火が多いことも，
ある程度理解されていた点である。地震後の出火源として，調理中などのガ
スの使用を想定した回答も多いが，電気，電気器具，ショートなど電気関係
の原因も比較的言及されている。阪神・淡路大震災や東日本大震災では，電
気に起因する火災が半数程度を占めたことが判明しているが，これらの専門
的な知見と整合的な傾向を示していた。これらの傾向から見る限り，首都直
下地震の被害像や火災の原因についての知識は，適切に持たれているように
見える。

　しかし，「火災」と「死ぬ」とが共起していないことが明らかになった。
自由記述中の「死ぬ」という語と強く関連する語として検出された語を分析
すると，「○○のため死ぬ」という要因に関係する語が多く検出されている。
その中で，「下敷き」や「建物」，「ガラス」といった揺れによる建物の被害
と関係づけた記述が多く見られた。この他，「ストレス」や「津波」なども
多く言及されているが，「火災」という語と関係づけた言及はきわめて少な
い。具体的に，自由回答中の「死ぬ」という回答を見ると，「火災で死ぬ」

と「火災に巻き込まれて死ぬ」という回答が2件しかない。被害想定で火災による人的被害の大きさが指摘され，火災を不安と思う程度は高いものの，本研究からは一般住民には火災によって死ぬ可能性は，建物の倒壊や家具等の転倒と比べて明確には意識されていないことが示唆される。

　さらに，倒壊と火災の関係性への言及はなかった。首都直下地震の課題と必要な対策を火災や都市防災の専門家に聞き取った結果と比べると，倒壊と火災との被害拡大関係に関する理解は弱い。専門家が心配する，たとえば倒壊した家が道路を塞ぎ消防自動車が現場に行けない，あるいは避難路が塞がれ避難できない，そもそも家が倒壊すると下敷きになるなど閉じ込められる人が出て焼死してしまいかねない，家屋の下敷きとなる人が出れば初期消火を担う人を減らしてしまうといった相互関係は見出されなかった。つまり，一般住民は火災を不安視こそしているものの，建物が被害を受けると火災の被害を拡大し，また焼死する可能性も高まるという死に至る過程の理解が弱い。このため，火災対策として，出火を減らすとともに建物の耐震化が求められるという防災対策の発想が生まれにくいことが懸念される。

　これらの結果が示すことは，個々の知識の伝達よりも，避難行動やその前提となる被害に結びつくような知識やそれらの知識の間の関係を日頃から適切に構造化させておく働きかけが求められるということであり，そのためには人間の持っている知識の相互関係への注視と理解が，これからの情報発信を考えるうえで不可欠だということであろう。

第4節　災害研究から見た社会心理学への展望

　これまでの2節で述べた2事例は，社会心理学が提起してきた一般理論や原理が，災害研究，なかでも個人や社会の脆弱性を顕在化していくうえで有用性を持つその一端を示してきた。そのうえで，今，急がれる社会心理学の新たな研究領域を描いていきたい。

　第一に，感情研究の成果からの研究蓄積である。東日本大震災発生時の津波避難を見ると，東北3県では避難率は高く，北海道あるいは静岡県等の地域では2割程度にとどまっており，その理由のひとつとして震度の強さが影響した可能性がある（田中，2012）。たしかに三陸地域は津波避難意識が高

い地域であるが，北海道や静岡県も全国的に見れば防災意識は高い地域である。したがって，防災意識以外の影響も考えざるをえない。三陸地域での震度6強ないしは震度6弱と比べて，北海道や静岡県のように震度4ないしは3では揺れに起因する恐れはまったく異なる。「情動が多くの場合，人の認知的情報処理の組織化に中心的な役割を果たすもの」（遠藤，2000）ならば，その後の警報や避難勧告，さらには周囲の動きの受け止め方もまた変わる可能性がある。実際に，感情研究の知見を活かしている災害研究は出始めているが，いまだあまりに少ない。もちろん，感情の認知機能への効果はそれほど単純ではないにせよ，感情研究の成果は豊かな示唆を災害研究にもたらすに違いない。

　第二に，ゲーム理論である。災害研究において，他者の行動が人の行動やその成果に影響を与える局面は少なくない。典型的には，警報期や災害発生直後のもの不足や買い占めパニックと呼ばれる現象である。また，復興期においても，近隣世帯が元の居住地に戻るか離れていくかが，その後の地域コミュニティの再生に大きく影響を与えることが知られている。一定程度の周辺住民が戻らないと，地域コミュニティの機能が維持されず，被災者の再建が結果的に難しくなるためである。これらの事例は，単に自粛を求めたり，復興の意向調査をするだけでは適切な解決は難しい。まさにこのような課題に関して，ゲーム理論の立場から臓器移植等を対象に，通常の市場メカニズムとは異なるマーケットデザインの設計が理論的になされている（松島，2018）。災害という急激な社会環境の変化の中で，個々人が適切な行動をとることができるような社会的仕組み作りが求められるが，このマーケットデザイン研究はきわめて有効な理論的視座を与えるだろう。

　この他にも被災の程度の激しさでカテゴリー化，階層化される「ウチ-ソト」問題（藤田，1996）など地域を分断する心的過程，地域復興に向けた社会的合意の研究や現在バイアスといった認知バイアスの効果など社会心理学が貢献しうる多くの社会課題が存在する。

　残念ながら，日本あるいは環太平洋地域は地震や火山噴火による災害を免れることはない。台風等に起因する洪水や土砂災害からも免れることはできない。他方，社会心理学は社会的課題から発展してきた多くの研究領域をもつ。偏見研究しかり，小集団研究しかり，援助行動研究しかりである。ひと

つの重要な社会的課題として，社会心理学からの多面的な研究の進展が進むことを祈る。

■文献

安倍北夫（1982）．災害心理学序説：生と死をわけるもの　サイエンス社

Ajzen, I., & Fishbein, M.（1980）. *Understanding attitudes and predicting social behavior*. Englewood Cliffs, NJ: Prentice-Hall.

Ajzen, I.（1991）. The theory of planned behavior. *Organizational Behavior and Human Decision Processes*, **50**, 179-211.

遠藤利彦（2000）．瞬時センサーとしての情動の世界：情動のメカニズム　海保博之（編著）．瞬間情報処理の心理学：人が二秒間でできること　福村出版

中央防災会議首都直下地震対策検討ワーキンググループ（2013）．首都直下地震の被害想定と対策について（最終報告）p.13,（http://www.bousai.go.jp/jishin/syuto/taisaku_wg/pdf/syuto_wg_report.pdf, 2020年3月31日）

藤田正（1996）．私論被災者の心理：「別れ」事例　阪神・淡路大震災　ナカニシヤ出版

東田光裕・林春男・斎藤俊一・北野哲人（2004）．水害を対象とした災害対応シミュレータ（プロトタイプ）の開発　地域安全学会論文集，**6**, 51-58.

広瀬幸雄（1994）．環境配慮行動の規定因について　社会心理学研究，**10**, 44-55.

本間基寛（2017）．2015年9月関東・東北豪雨での鬼怒川流域における降雨特性　田中茂信（研究代表）平成27年9月関東・東北豪雨による災害の総合研究報告書　京都大学防災研究所　pp. 65-68.

Horn J., & Masunaga H.（2006）. A merging Theory of Expertise and Intelligence, In A. Ericsson, N. Charness, P. J. Feltovich & R. R. Hoffman（Eds.）, *The Cambridge Handbook of Expertise and Expert Performance*. Cambridge University Press.

科学技術・学術審議会（2019）．災害の軽減に貢献するための地震火山観測研究計画（第2次）の推進について（建議）（https://www.mext.go.jp/component/b_menu/shingi/toushin/__icsFiles/afieldfile/2019/01/30/1413116_01.pdf, 2020年5月15日）

小林秀行・田中淳（2017）．災害知識構造が災害対応行動意図に与える影響：平成27年関東・東北豪雨を事例として　災害情報，**15**, 137-146.

松井豊（2005）．惨事ストレスへのケア　ブレーン出版

松島斉（2018）．ゲーム理論はアート：社会のしくみを思いつくための繊細な哲学　日本評論社

三隅二不二（1983）．自然災害と行動科学　年報社会心理学，**24**, 3-11.

元吉忠寛・池田三郎（2004）．水害リスクの受容に影響を及ぼす要因　社会心理学研究　**20**, 58-67.

中谷内一也（編）（2012）．リスクの社会心理学：人間の理解と信頼の構築に向けて　有斐閣

大友章司・広瀬幸雄（2007）．自然災害のリスク関連行動における状況依存型決定

と目標志向型決定の2重プロセス　社会心理学研究，**23**，140-151.

岡部慶三（1983）．災害時における社会的コミュニケーション過程に関する研究　年報社会心理学，**24**，127-144.

Rogers, R. W.（1983）. Cognitive and physiological processes in fear appeals and attitude change: A revised theory of protection motivation. In J.T. Cacioppo & R. Petty（Eds.）, *Social Psychophysiology*, New York; Guilford Press. pp. 153-177.

Sorensen, J. H., & Sorensen, B. V.（2006）. Community processes: Warning and evacuation. In H. Rodriguez, E. L. Quarantelli & R. R. Dynes（Eds.）, *Handobook of Disaster Research*. Springer Science + Business Media, LLC.

田中淳（2012）．避難しないのか，できないのか：避難行動と防災教育　佐竹健治・堀宗朗（編）．東日本大震災の科学　東京大学出版会　pp. 127-153.

田中淳（2014）．災害と社会　船津衛・山田真茂留・浅川達人（編著）．21世紀社会とは何か：「現代社会学」入門　恒星社厚生閣　pp. 153-166.

田中淳（2017）．情報伝達に関する調査　田中茂信（研究代表）．平成27年9月関東・東北豪雨による災害の総合研究報告書　京都大学防災研究所　pp. 178-183.

田中淳・地引泰人・黄欣悦・山内祐平（2013）．知識構成過程への介入から見た防災教育の方向　日本災害情報学会第15回研究発表大会予稿集．pp. 286-289.

田中淳・吉井博明（2008）．災害情報論入門　弘文堂

宇田川真之・三船恒裕・磯打千雅子・黄欣悦・定池祐季・田中淳（2019）．平常時の避難行動意図の規定要因について　災害情報，**15**，53-62.

宇田川真之・三船恒裕・定池祐季・磯打千雅子・黄欣悦・田中淳（2017）．平常時の避難行動意図に関する汎用的な調査フレーム構築の試み　災害情報，**17**，21-30.

宇田川真之・三船恒裕・定池祐季・磯打千雅子・黄欣悦・田中淳（2020）．平常時の津波避難行動意図の規定要因と規範意識の影響：汎用的なフレームに基づく高知市の調査結果から　地域安全学会論文集，**36**

矢守克也（2009）．防災人間科学　東京大学出版会

第10章 社会的逆境を乗り越えるイメージの力

イメージを媒介とする心理療法のエビデンスと展開

第1節 現代の心理相談に見られる社会的逆境

　社会的逆境（social adversity）とは，親密な他者との関係の喪失体験，犯罪・差別，いじめなどの社会的被害体験，震災や台風などの自然災害による被災体験，経済的困窮などの社会的困難体験，結婚や昇進などポジティブな出来事に起因する職場や人間関係の変化を幅広く包含する概念と定義される（堀毛たち，2014）。関係喪失や社会的困難体験がもたらす社会的逆境からの回復過程にはもちろんのこと，自然災害からの回復過程にも地域の相互援助や地域を超えた援助を行う社会が大きく関わっていることは周知の事実であるし，犯罪や事故の被害からの回復過程には，加害者への処遇のみならず，支援者の存在が強く関わっており，人は社会の中で傷つき，また社会の中で支援を受けることで成長すると考える。

　堀毛たち（2014）は，ストレッサーやストレス反応そのものと社会的逆境は，時間的持続性や強度において区別されるべきと指摘している。筆者は20年間思春期から成人期の心理相談に携わってきたが，喫緊の課題への短期的で問題解決志向の対処を必要とする心理相談のみならず，社会的逆境の状態になってから時間が経過しての相談開始，あるいは経年変化の報告などの心理相談も少なくないことを実感している。後者の場合，相談者自身にとって良いタイミングで来談があるため，セラピストはその都度社会的逆境がもたらす精神的ダメージに本人が柔軟に対処できるように支援し，その結果として相談者の強み（strengths）を確認し，人間的な成長を促す経験をすることもある。

　現代社会における社会的逆境を映し出す鏡であるかのように，心理相談はその時代，年代の悩みを表現する場である。堀毛たち（2015）では20代か

ら 60 代までの 4,000 名を超える男女を対象にした WEB 調査で，今までで最も辛かった社会的逆境を 1 つ選択する形式で回答を得た。その結果，上位から順に 1 位「親しい人との死別」(31.8%)，2 位「親しい人と離別」(9.6%)，3 位「いじめや嫌がらせ」(8.7%)，4 位「自分自身の病気・不良」(6.9%)，5 位「家族や親しい人の病気・怪我」(5.8%)，6 位「家族の不和や対立」(5.3%)，7 位「仕事・勉学上の失敗」(4.8%)，8 位「ペットの死去・行方不明」(4.5%)，9 位「借金・経済的困窮」(4.4%)，10 位「失業やリストラ」(2.5%) であったが，どれひとつとして心理相談に含まれないものはない。堀毛たち (2015) の調査結果では，選択割合としては 1% 前後と少ないものの，筆者は社会的逆境の代表例ともいえる家庭内暴力 (domestic violence：DV) や犯罪，交通事故，原発事故による被害などの心理相談にも携わった。

第 2 節　　社会的逆境が精神的健康に及ぼす影響

　社会的逆境は，短期的には我々に不眠や食欲不振といった一時的なストレス反応をもたらす。一過性のストレス反応であれば，短期的な心理相談で終了するが，友人や家族による私的ソーシャルサポートを受け，自己制御で対応するなど，来談には至らないケースも多いと予想される。しかし自己制御できないストレッサーや環境の問題が持続する場合には，不眠や食欲不振などの身体症状が持続し，適応障害，心的外傷後ストレス障害 (post traumatic stress disorder：PTSD) および悪夢障害などのストレス障害や，長期的に不調が続いた結果としての抑うつ症状，自殺企図に見られる深刻な精神症状など，さまざまな影響がもたらされる。

　実際に担当した心理相談で挙がった社会的逆境を，家族の問題，職場の問題，学校の問題，自然災害・流行・事件等の 4 領域に分け，社会的逆境がもたらす精神的・身体的不調を，正常なストレス反応レベル，神経症レベル (不安障害，気分障害等のレベル)，精神病レベルに分けて具体例を示す。

1.　家族における社会的逆境と精神的・身体的不調

　家族の問題は，あらゆる年代の来談者で見られるが，特に成人期以降でそ

の訴えが大きい印象を受ける。たとえば，金銭的な問題から夫婦仲が険悪になり不眠や食欲不振が出るケースや，子育てをめぐる意見の相違で，頭痛や肌荒れなどの身体症状が持続するケースは，正常なストレス反応レベルと考えられる。

　親密な他者との関係の喪失体験は，家族内で起こる可能性が高い。休日に家族と一緒に出かけた先で父親の心筋梗塞発作を目撃した児童が急性ストレス反応を示したケース，母親が抗がん治療を受けながら痛みに耐えているのを見た青年が，呼吸への違和感からパニック症状を起こしたケース（松田，2004a）もあったし，終末期にある祖父の夜の介護を担当していた青年が，祖父の死への恐怖やそうならないようにするための責任感から祖父の睡眠中の呼吸に注意を向け過ぎた結果，自分がパニック症状や抑うつ症状を示したケース，配偶者の異性問題に悩まされ頻回に悪夢を見るケース（松田，2006）など，これらは神経症レベルの反応といえよう。いつか起こりうる死別や離別に対しての準備状況ともいえる。

　しかし，実際の死別体験に至ると，より重度の精神病レベルの症状を示すケースもある。たとえば，母親が目の前で飛び降り自殺を図ったのを目撃した子どもが解離症状を示したケース，朝の起床の呼びかけのときに配偶者の突然死を発見した成人が，記憶障害を伴う重度の抑うつ症状を示したケース，終末期医療を受けていた親を看取った後，胃部不快感と吐き気を示した身体表現性障害の成人ケースなどがあった。しかもこれらの症状は，必ずしも体験の直後に起こるわけではなく，数年後に遅延して出現する場合もある。

　また1人の家族との死別が，他の家族メンバーとの離別などの問題を複合的にもたらす場合もある。たとえば，兄弟の自殺を経験した青年が，兄弟を救えなかった罪悪感とともに，家族の中のバランスをどう保つか，自分がどんな役割を果たすか，将来自分が家族をもてるのかといった不安が，悪夢障害となって表れたケースもある。病気を苦にして自殺した母親を救えなかった罪悪感から重度のうつ症状を抱えた成人のケースでは，かねてより関係が不和であった父親との関係がさらに悪化したことが症状を維持し強めていたのである。

2.　職場における社会的逆境と精神的・身体的不調

　職場の問題に関する訴えは，青年期と成人の相談における出現頻度が高い。産業・臨床心理学の分野では仕事量の過多や裁量権のなさから抑うつ症状を示すケース（松田，2010a）や，飲酒量や喫煙量増加などの嗜癖の問題として現れるケースは一般的である。とりわけ職場の人間関係がもたらすストレスは最も頻繁に心理相談に挙がるテーマであるが，関係が不調にある職場の上司との接触によって皮膚の痒みが現れるなど，その身体症状はさまざまである。その他，海外勤務する婚約者に退職しついていくかどうかなど，職業人のライフキャリアの発達に関わる重要な悩みもあるが，精神的な健康度が高い成人の場合，一時的な気分の落ち込みや不安，不眠傾向といった正常なストレス反応レベルの症状が多い。

　症状が神経症レベルになる場合としては，職場で言いたいことを言えず自傷行為がある青年のケース（松田，2004b），仕事上の失敗への恐怖から絶えず胃部不快感や嘔吐恐怖がある青年のケース，公衆場面での恐怖や乗り物恐怖があって出張に行けなくなったパニック障害の青年のケース，リストラをきっかけに婚約も破談となり強迫性障害を発症した成人のケース（松田，2004c）もあった。

　より深刻な心理相談では，職場で性的被害体験に遭いPTSDを発症したケース（松田，2017）や，原発事故後も原発内部で勤務を継続しており，妄想性障害を発症したケースもある。出社時に過労自殺した同僚を発見して急性ストレス反応が起こり，のちに重度の抑うつ症状が出現したケースもある。その他，ルーティンの外回り中に被害に遭った子どもが死亡した交通事故を目撃した営業職の社員2名の相談もあった。1名は急性ストレス反応にとどまったが，1名はフラッシュバックと悪夢症状が出現したなど，その反応には個人差が大きく，社員本人に子どもがいるかどうかが関連していると推測された。職場での過労死や過労自殺の後の集団のフォローアップでも，亡くなった社員との関係性や接触度合い，職場での役割の類似性などが反応の個人差に関わっている。災害時の心理支援では個別性の高い支援が必要（堀毛裕子，2019）という指摘と共通する部分がある。

　そして，職務上どうしても避けられない，職種特有のストレスもある。た

とえば，接客対応など職種特有の感情労働（松田，2010b）などである。さらに深刻なケースには，医療従事者の終末期患者の看取り体験などである。その他，警察官や消防官が職務中に遺体を見ることは，惨事ストレス（critical incident stress）の代表例として知られている。これらのストレスを職業人としての成長にいかにつなげるかは，健康心理学的，臨床心理学的な課題として重大な関心を集めている。

3.　学校における社会的逆境と精神的・身体的不調

　学校での体験がもたらす正常なストレス反応レベルでは，教師の評価の不公平感や親からの過剰な学業成績に関する期待感が，子どもたちに対人不安や抑うつ症状をもたらし（松田，2004d），次第に学校生活全般への意欲減退を与え，遅刻や欠席，部活動の退部などにつながることは一般的に見られる。

　不意に体験したイベントが神経症レベルの影響を与えたケースには，海外語学研修中の停電で，エレベーター内に閉じ込められパニック障害になった子ども（川瀬・松田，2017）や，いじめのターゲットになったことによって社会恐怖の症状を呈し不登校になった子ども（松田，2015）もいた。より深刻なケースでは，放課後等デイサービスに行くバスの中から，飛び降りを偶然目撃した自閉症スペクトラム障害の子どもが，PTSD のフラッシュバックや悪夢などの症状に悩まされたケースもあった。

4.　自然災害，流行，事件がもたらす社会的逆境と精神的・身体的不調

　日々のマスコミ報道もストレス反応に影響を与えている。たとえば，飛翔体の発射報道が過熱した時期に，「ミサイルが次々に飛んできて逃げ惑う夢」を見る子どもがいた。また折りしも COVID-19 の報道が相次いでいる期間に，復職訓練中の成人が「新型コロナウイルス対策に対する不満を政府に訴える夢」を見たと語り，それぞれ不安や焦燥感を共有するカウンセリングで対応した。

　以前の新型インフルエンザ流行時に幼児を子育て中の母親が，ウイルスが怖くて，外出困難になり，清潔にする行動が行き過ぎて強迫性障害（不潔恐怖）となったケースや，子どもの連れ去り事件の報道が重なった時期に，同

じ年ごろの子どもの安否確認を頻繁に行うようになった強迫性障害（確認強迫）の母親のケースもあった。大震災の被災体験後に，密閉空間から出られなくなり失禁してしまう恐怖感から，乗り物全般が苦手となったパニック障害の成人のケースもあった。このように時事問題やそれに伴うマスメディアの報道の影響力は大きいと感じる心理相談も見られる。同様に深刻な影響を及ぼすものは犯罪被害であり，PTSD（フラッシュバック，悪夢）や解離性障害を呈するケースは周知のことであるが，犯罪報道への接触がさらに症状を強める危険性にも留意したい。

第3節　イメージを媒介とする心理療法と精神的回復

1.　イメージを媒介とする心理療法と治療的エビデンス

　イメージを媒介とする心理療法の歴史は長く，箱庭療法，描画療法や見立て遊びを含む遊戯療法などは広義の表現療法にカテゴライズされ，主として子どもの心理相談で適用されている。

　主として成人の社会的逆境がもたらす精神的不調に適用されてきたイメージを媒介とする心理療法の代表技法は，イメージ・エクスポージャー（暴露法）である。認知行動療法においても，行動療法を主とする第一世代から恐怖や不安の克服に対して伝統的に適用されてきた。

　日本においては，事例性を重視してきた従来の臨床心理学の分野において，2015年に新たに誕生した公認心理師制度においては，より心理的メカニズムに関する一般原理を定式化し，心理と行動の因果関係を科学的に説明する責任が求められており（大野，2019），科学者-実践家モデルの訓練を受けた公認心理師が心理療法を提供することになった（松見，2016）。

　公認心理師制度は，1990年代に提唱されたエビデンスに基づく医学（evidence based medicine：EBM）の影響を受けている。アメリカ心理学会の12部会（臨床心理学会）が，EBMに従い，心理学分野でも一早く実証的に支持された心理療法（empirically supported treatments）を選別して示した（斎藤，2011）。従来は技法重視でエビデンスの有無を判断する流れがあり，治療効果の検証法としてランダム化比較実験やそれらのメタ分析による効果研究を重視していたが，現在ではその他の研究法ごとにエビデンスの水

準を設け，より幅広く捉えるようになっている（松見，2016）。

　アメリカ心理学会の12部会（臨床心理学会）の実証的に支持された心理療法(注1)の中では，DSM-5（American Psychiatric Association, 2013）の診断カテゴリー別に効果が検証された多くの認知行動療法が挙げられている。エクスポージャーは，恐怖症（動物，高所，閉所，歯科，飛行機），強迫性障害（不潔恐怖等），PTSDなど幅広い分野で使用され，その効果も支持されている。日本においても，クモ恐怖に対するエクスポージャーの効果を前頭葉前野の脳血流量をNIRSを用いて心理指標の変化とともに治療効果を検証した研究もある（長谷川たち，2011）。この研究では，壁や床を這うクモへの恐怖を示す女性患者に，実験者がクモの入った瓶を持って近づくエクスポージャーと，天井からクモが落ちるバーチャルリアリティ（virtual reality：VR）を併用するなど，VRを用いたエクスポージャーも多数実践されている（貝谷・兼子，2016）。

　本節では，イメージを媒介とする心理療法として，エクスポージャー法とそれらを変形応用するEMDRとイメージ・リハーサル・セラピーを取り上げる。

2.　エクスポージャー法

　治療的なエクスポージャーでは，不適応的な情動反応を起こす刺激にさらすことで，刺激を回避する行動や不適応的な情動反応を抑制させる行動がエクスポージャーを行っている間は抑制される（原井・岡嶋，2008）。不安を喚起させるエクスポージャーは，現実場面で行う場合（in vivo exposure）と刺激をイメージして行う場合（imagery exposure）に大別される。VRエクスポージャーは，現実エクスポージャーとイメージ・エクスポージャーの中間的技法といえる。また長谷川たち（2011）の症例では，クモが天井から落下し続けるVRを20分間呈示するなど，刺激の強度や持続時間に関するバリエーションもある。エクスポージャーは条件づけられた不安反応の解消を目指し，学習理論をもとにした行動療法の主要な技法として発展してきたが，認知行動療法以外の心理療法でも不安障害の治療には必ずエクスポージャーの要素が含まれている（原井・岡嶋，2008）。

　伝統的な行動療法では，不安を喚起させる状況や刺激をその強度の低い順

に並べた不安階層表をもとに漸進的にイメージ・エクスポージャー（gradu-ated exposure）を実施し，次に不安を弱める筋弛緩法と交互に適用することで，主観的な不安感の低減を明確に測定しながら効果をあげてきた（sys-tematic desensitization）。たとえば，いじめのターゲットになったことによって社会恐怖の症状を呈し不登校になった子どもの事例では，校舎や制服といった学校関連刺激への現実エクスポージャーから，最終的にはいじめの加害生徒の顔刺激のイメージまでをエクスポージャーし，主観的な不安を低減して登校を再開していった（松田，2015）。その逆にイメージ・エクスポージャーを経てから現実エクスポージャーが適用することが奏功するケースもある。乗り物恐怖があり，出張に行けなくなったパニック障害の会社員のケースでは，イメージ・エクスポージャーを先に，次に現実エクスポージャーを実施することで，不安感はあるものの地下鉄から新幹線に乗ることが可能になり，最終的に新幹線と飛行機で出張に行くことが可能になった。

　パニック障害の場合，不安感が強い状況のみならず，吐き気など身体の内部感覚もエクスポージャーの対象にすることが効果を促進する場合もあり，強迫性障害の場合には，不安感が高まる刺激にさらした後に引き続き起こる行動（洗浄や確認行為）を妨害する暴露反応妨害法（exposure and response prevention）がさらなる効果をあげている。

　PTSD など強度のストレス反応がある場合には，エクスポージャーを長期間持続的に行うことが多い（prolonged exposure）。父親の心筋梗塞発作を目撃した児童が，パニック症状，強迫症状を示したケースでは，ゆっくり時間をかけて，父親の発作場面を描画して共有できるところまでカウンセリングをしていった結果，症状は軽減した。

3.　治療的エクスポージャー法

　EMDR（eye movement desensitization and reprocessing）は 1989 年にシャピロ（Shapiro, F.）が病気の告知を受けたときの自分の眼球の動きに注目したことから開発された技法である（Shapiro, 1989）。トラウマなど否定的な刺激へのエクスポージャーと同時に，1 秒間に 2 往復程度左右に動くセラピストの指を追視する形で眼球運動による脱感作を行うものである。EMDR は持続的エクスポージャー（prolonged exposure）と並んで，PTSD

の代表的な治療法として有効性が実証されている（市井，2008）。たとえば，職場で性的被害体験に遭いPTSDを発症したケースにEMDRを適用したところ3セッションで終結（松田，2017）と治療効果が現れる期間が短い印象がある。このEMDRはエクスポージャーの変形応用といえるが，興味深いのは外傷的記憶へのエクスポージャーと眼球運動による脱感作を行う前に，クライエントのイメージ上で安全な場所を確保する点であり，本人のイメージが持つ力を社会的逆境からの回復に向けた資源とする点である。

4.　イメージ・リハーサル・セラピー

　ストレス免疫訓練などでも，クライエントが獲得した対処スキルをイメージ上で使用する，イメージリハーサル法もあるが，クラコーたち（Krakow et al., 1993）が開発したイメージ・リハーサル・セラピー（image rehearsal therapy：IRT）は，特に悪夢の治療に有効である。アメリカ睡眠医学会による成人の悪夢障害の治療のガイドラインでは，非薬理学的方法の推奨法の最上位（エビデンスレベルA）にIRTが挙がっている（Aurora et al., 2010）。IRTは，悪夢のイメージにエクスポージャーした後，イメージの中でその筋書きを変える手続きをとる。この方法は子どもにも適用可能で，夢の最後のシーンを思い浮かべ，それがどう展開していくかを見守るように指示することで，イマジネーションの中で，各々の心理的課題に取り組むことを促す方法である（Leuner et al., 1997＝2009）。

　筋書きを変えるのはクライエント自身であり，IRTの中ではクライエントがイメージの中で描ける選択肢しか出現しない。たとえば，海外語学研修中停電中のエレベーター内に閉じ込められパニック障害になった子どものケースでは，エレベーターが上下左右に揺さ振られ，真空状態となってもうダメと思ったときに，エレベーターの天井が開いて救出されたイメージが出現した（川瀬・松田，2017）。放課後等デイサービスに行くバスの中から，高齢男性の飛び降りを目撃した子どものケースでは，既に亡くなっている大好きだった祖父とその男性が一緒に空を飛んでいるイメージをもった。IRTは本人が納得のゆく筋書きを見出せる点が重要である。導きに従う，他者から助けられる，自分で対処する，和解するなど，IRTで出現する典型的なイメージはクライエントの生育歴やパーソナリティ，そして社会的逆境の乗り越え

方を反映していると納得することが多い。

　問題解決志向の心理療法で使用されるミラクルクエスチョン（miracle question）という技法にも IRT との共通点がある。「もし奇跡が起こり，あなたの問題がすべて解決したとします（症状がすっかりなくなったとします）。その場合，あなたはその奇跡が起こったことをどんなことから気づきますか？　そのとき，あなたはどのようになっていますか？　また，どんなことをしたいですか？」という質問で，問題が解決した後のポジティブなイメージや現在の状況との違いや周囲に与える影響を変化から捉えることを促す点である。

第4節　社会的逆境がもたらす精神的な成長と　イメージを媒介する心理療法

1.　社会的逆境がもたらす精神的な成長

　一方で，ネガティブな出来事はすべての人に常にネガティブな結果をもたらすわけではなく，多くの場合，ポジティブな面とネガティブな面が複雑に組み合わさっている（Lieblich, 2015）。職務としての社会的逆境がもたらす精神的な成長の代表例は，看護師が終末期体験による抑うつを乗り越えて，職業人として成長を遂げるストレス関連成長（stress-related growth：SRG，逆井・松田，2009）や，消防士や警察官が惨事ストレスを乗り越えて職業人として成長を遂げる心的外傷後成長（post-traumatic growth：PTG, Tedeschi & Calhoun, 1996）である。職務上の社会的逆境は繰り返し経験する特徴があるため，時間をかけて人は SRG や PTG を遂げ，また，成長しながら自分の人生の意味を考える。社会的逆境からの立ち直りをもたらす特性レジリエンス（resilience）に関する研究も盛んである。健康心理学や予防精神医学の分野では「病理モデル」と「成長モデル」のバランスをとることが必要であり，堀毛裕子（2019）は，被災者を弱者とみなすなど病理化せずに，被災者自身のもつ回復力を支えることが，災害時の心理支援で必要と指摘している。

　堀毛一也（2019）は，ポジティブ心理学での試みとして，「人生への意味に関する介入」手続きを用いた実験研究をレビューしているが，介入の有効

性が明確でないと指摘している。その理由は，長期的な変化を追うことが必要であるし，その一方で経過が長いとその他の要因の影響が統制困難となるためと推測する。

　前述の配偶者の異性問題に悩まされ，頻回に悪夢を見た成人のケースでは，自分の生き方を見直し自立的な生き方に変わり（松田，2006），職場で性的被害体験にあい PTSD を発症したケースでは，主張的な自分に生まれ変わった（松田，2017）。IRT やイメージの力を利用したミラクルクエスチョンからは，本人の強みやポジティビティをイメージの中で引き出すことができる。

2.　イメージを媒介とする心理療法がなぜ必要なのか

　イメージを媒介とする心理療法の利点を以下に挙げる。クライエントのイメージを共有することで，クライエントとセラピストはイメージにこめられたクライエントの情動，認知，身体反応にジョイニングしやすいことが第一に挙げられ，これは相互の信頼関係の形成に有効である。その一方で，必要以上に距離が近くならず（Leuner et al., 1997＝2009），境界を保ちやすい。カウンセラーは，本人からイメージを聴き，共有することで本人のイメージにあわせていくので，こちらのストーリーの押し付けなどは起こりにくい。また投映法と同じく正解がないので，社会的望ましさによるイメージの再構成も起こりにくい。社会的逆境からの回復の場合には，本人のペースで，本人なりの正解を見つけていくことが大事であるし，時間がかかるのが一般的で，その進行にそっと寄り添うことも必要であろう。

　エクスポージャーを応用したイメージを使った心理療法の効果のエビデンスは先述の通りであるが，社会的逆境がもたらすさまざまな身体・精神症状への短期的な治療効果のみならず，人間的な成長をじっくりと応援するためには，個別適合性の高いナラティブなアプローチとの折衷が必要である。

　斎藤（2019）はエビデンスに基づく臨床心理学の今後について，エビデンスベイストでもナラティブベイストでもクライエントの利益を最善に考えることが重要と指摘している。また何よりも心理療法は厳密に統制された実験状況下で行われるものではなく，信頼できる人間関係の中で，また複雑な社会的文脈を考慮して提供されるため（松見，2016），クライエントにとって

価値がある援助とは何かを考えると，必然的にクライエントのパーソナリティ，年代，文化，時代などを考慮する必要がある。時には心理療法を提供しないという選択肢もあるであろう。

　堀毛裕子（2019）は，災害時の心理支援では，「既に起こってしまった悲惨な体験をなかったことにはできないし，被災するということは，その体験を抱えながら，新たな生活や人生を生きていくことであり，自分自身の物語の中に，被災体験を新たに紡ぎこんでいくことに他ならない」（P. 30）と述べているが，イメージを媒介する心理療法はナラティブなアプローチの文脈で，クライエントのイメージに注目することで，クライエントのペースでトラウマの処理を行い，さらに将来のイメージを形成することができる。

　また，トラウマイメージは積極的に消去し，思い出さなくなることが治療的には成功であるが，トラウマイメージを忘れることに対する罪悪感を抱くクライエントもおり，その人のペースで，トラウマイメージを自分の人生の中に位置づけるよう再構成することも必要になるであろう。安藤（2019）は，駐在の新聞記者が震災時に悲惨な状況を目撃し，時間が経過してもその当時の夢を見ることに対し，その体験が風化しないように夢が自己に知らせる手がかりとなっていると知覚しているエピソードを紹介している。類似のケースでは，原因不明の吐き気という身体症状に悩まされていたクライエントと，その苦しさのイメージを共有していたときに，「（吐き気の症状が）私を忘れないで」と言っているようだと知覚したことを伝えてくれた。これは病死した両親との死別体験に関連しており，終末期の治療を受けていた親が胃ろう，人工呼吸器を装着し，次第に自発的な意思疎通が難しくなり死別した後に，自分が幸せになることの罪悪感から生じる身体症状であると気づき認知的な再構成を行ったことで，吐き気の症状が軽減していったのである。

3.　実践研究の展開と課題

　最後にイメージを媒介とする心理療法を社会的逆境がもたらす心理的問題に適用することの課題を述べる。心理療法の各技法の治療的エビデンスの検証には，アメリカ心理学会の実証的に支持された心理療法のリストのように特定の診断名の疾患に技法を適用したRCTやそのメタ分析が必要になる。しかし，社会的逆境がもたらす症状はこれまで述べてきたとおりクライエン

トによってさまざまであるため，効果の検証が難しいこと，また長期的で時には集中的に，時には低強度で行う治療効果や精神的な成長を追うには，長期にわたる複数回にわたる縦断調査が必要になるが，日本においては長期的な計画では追跡データの入手が難しい研究環境にある。長期化していくと，症状の消失と再発予防および精神的な成長に関与する変数が多くなるため，複線径路・等至性モデルによって記述していくアプローチも必要と考えられる。エビデンスベイストとナラティブベイストのアプローチの併用から，より個別適合性の高い心理療法の提供が可能になると考えられる。

■注

注 1　アメリカ心理学会 12 部会（臨床心理学会）の実証的に支持された心理療法（https://www.div12.org/psychological-treatments/treatments/，2020 年 6 月 30 日）

■文献

American Psychiatric Association（2013）. *Diagnostic and Statistical Manual of Mental Disorders,* Fifth Edition. Arlington.

安藤清志（2019）. アクティブな傍観者を目指して：忘れないための心理学. 東洋大学ヒューマン・インタラクション・リサーチ・センター(編). 現代人のこころのゆくえ 6: ヒューマン・インタラクションの諸相　東洋大学 21 世紀ヒューマン・インタラクション・リサーチ・センター　pp. 65-106.

Aurora, R. N., Zak, R. S., Auerbach, S. H., Casey, K. R., Chowdhuri, S., Karippot, A., Maganti, R. K., Ramar, K., Kristo, D. A., Bista, S. R., Lamm, C. I., Morgenthaler, T. I., & Standards of Practice Committee（2010）. Best practice guide for the treatment of nightmare disorder in adults. *Journal of Clinical Sleep Medicine*, **6**, 389-401.

原井宏明・岡島美代（2008）. 治療的エクスポージャー　内山喜久雄・坂野雄二（編）. 認知行動療法の技法と臨床　日本評論社　pp. 72-77.

長谷川誠・福井至・Douglas Eames・久保田俊一郎・梅景正・宇佐美英里・吉田栄治・貝谷久宜（2011）. クモ恐怖症におけるエクスポージャー法による効果：NIRS による前頭前野からの検証　福井至(編). 図説　認知行動療法ステップアップ・ガイド：治療と予防への応用　金剛出版　pp. 127-145.

堀毛裕子（2019）. 災害時における心理支援を考える：成熟した支援の提供を目指して　東洋大学ヒューマン・インタラクション・リサーチ・センター(編). 現代人のこころのゆくえ 6: ヒューマン・インタラクションの諸相　東洋大学ヒューマン・インタラクション・リサーチ・センター　pp. 23-46.

堀毛裕子・堀毛一也・安藤清志・大島尚（2015）．社会的逆境後の精神的回復・成長につながる資源（2）：Sense of coherence（SOC）の視点から　東洋大学ヒューマン・インタラクション・リサーチ・センター研究年報，**12**，3-12.

堀毛一也（2019）．ポジティブ心理学的介入の現状　東洋大学 21 世紀ヒューマン・インタラクション・リサーチ・センター（編）．現代人のこころのゆくえ 6：ヒューマン・インタラクションの諸相　東洋大学ヒューマン・インタラクション・リサーチ・センター　pp. 7-21.

堀毛一也・安藤清志・大島尚（2014）．社会的逆境後の精神的回復・成長につながる資源：ポジティブ心理学的観点を中心に　東洋大学 21 世紀ヒューマン・インタラクション・リサーチ・センター研究年報，**11**，3-8.

市井雅哉（2008）．EMDR　内山喜久雄・坂野雄二（編）．認知行動療法の技法と臨床　pp. 85-92.

貝谷久宣・兼子唯（2016）．特定の恐怖症　貝谷久宣（監修）．嘔吐恐怖症：基礎から臨床まで　金剛出版　pp. 10-41.

川瀬洋子・松田英子（2017）．悪夢と不眠を訴える女子高生に対するスクールカウンセリングの事例　ストレスマネジメント研究，**13**，32-40.

Krakow, B., Kellner, R., Neidhardt, J., Pathak, D., & Lambert, L.（1993）. Imagery rehearsal treatment of chronic nightmares: With a thirty month follow-up. *Journal of Behavior Therapy Experimental Psychiatry*, **24**, 325-30.

Leuner, K., Horn, G., & Klessmann, E.（1997）. *Katathymes Bilderleben mit Kindern und Jugendlichen*. Ernst Reinhardt, GmbH & Co. Verlag: Munchen.（岡田珠江・内田イレーネ（訳）（2009）．覚醒夢を用いた子どものイメージ療法：基礎理論から実践まで　創元社）

Lieblich, A.（2015）. *The contribution of narrative approach to post traumatic growth*. 和光大学総合文化研究所年報　東西南北 2015，88-103.

松田英子（2004a）．広場恐怖を伴うパニック障害（呼吸窮迫感）：イメージリハーサル法　内山喜久雄・上田雅夫（編）．ケーススタディ認知行動カウンセリング（現代のエスプリ別冊）　至文堂　pp. 157-162.

松田英子（2004b）．気分変調性障害（自責感・無力感）：認知療法/主張訓練法　内山喜久雄・上田雅夫（編）．ケーススタディ認知行動カウンセリング（現代のエスプリ別冊）　至文堂　pp. 119-123.

松田英子（2004c）．強迫性障害（不潔恐怖）：エクスポージャー法/REBT 法　内山喜久雄・上田雅夫（編）．ケーススタディ認知行動カウンセリング（現代のエスプリ別冊）　至文堂　pp. 207-211.

松田英子（2004d）．適応障害（不安と抑うつ気分の混合を伴うもの）：自己開示法/REBT 法/薬物療法　内山喜久雄・上田雅夫（編）．ケーススタディ認知行動カウンセリング（現代のエスプリ別冊）　至文堂　pp. 272-276.

松田英子（2006）．夢想起メカニズムと臨床的応用　風間書房

松田英子（2010a）．過重労働の負荷に起因する抑うつ気分を伴う適応障害を呈する事例の復職支援のための認知療法と職場環境調整法　内山喜久雄（編）．認知行動療法の理論と臨床（現代のエスプリ No. 520）　ぎょうせい　pp. 157-167.

松田英子（2010b）．原発性不眠症を伴う社会恐怖事例に対する主張訓練法，認知

療法，自律訓練法　内山喜久雄（編）．認知行動療法の理論と臨床（現代のエスプリ No. 520）　ぎょうせい　pp. 146-156.

松田英子（2015）．睡眠とイメージ：悪夢の認知行動療法——セルフモニタリング法，認知再構成法　イメージ心理学研究，**13**，17-22.

松田英子（2017）．夢イメージと急速眼球運動　イメージ心理学研究，**15**，37-43.

松見淳子（2016）．エビデンスに基づく応用心理学的実践と科学者——実践家モデル：教育・研究・実践の連携　応用心理学研究，**41**，249-255.

大野博之（2019）．日本の臨床心理学に求められること　大野博之・奇恵英・斎藤富由起・守谷賢二（編）．公認心理師のための臨床心理学　福村出版　pp. 350-355.

斎藤富由起（2019）．日本の臨床心理学の「これから」を探る　大野博之・奇恵英・斎藤富由起・守谷賢二（編）．公認心理師のための臨床心理学　福村出版　pp. 355-363.

斎藤清二（2011）．心理療法におけるエビデンス概念の変遷　箱庭療法，**24**，1-2.

逆井麻利・松田英子（2009）．終末期医療に携わる臨床看護職者のストレスとストレス関連成長（Stress-Related Growth）に関する研究　健康心理学研究，**22**，40-51.

Shapiro, F. (1989). Eye movement desensitization: A new treatment for post-traumatic stress disorder. *Journal of Behavior Therapy and Experimental Psychiatry*, **20**, 211-217.

Tedeschi, R. G. & Calhoun, L. G. (1996). The posttraumatic growth inventory: Measuring the positive legacy of trauma. *Journal of Traumatic Stress*, **9**, 455-471.

おわりに

　今年は，東洋大学社会学部に社会心理学科が設置されて 20 年という節目の年にあたると同時に，本学において日本心理学会第 84 回大会が開催される記念すべき年でもある。1 年ほど前，この機会に，現在本学科で教育・研究に携わっている教員，そしてかつて同僚だった先生方にも加わっていただき，社会心理学の最先端のテーマを扱う専門書を出版したらどうかという話が持ち上がった。早速，北村英哉先生，桐生正幸先生，山田一成先生が中心となって企画を進めることになった。幸い誠信書房が出版を引き受けてくれることになり，本年 9 月の出版を目指してスタートを切ることができた。

　その後，新型コロナウイルスの感染拡大という困難な状況が加わったにもかかわらず作業は順調に進み，予定通りの日程で出版にこぎ着けることができた。執筆陣をご覧いただけばわかるように，みな研究・教育や実践活動の面で大活躍されている方々である。多忙を極めるなかで本書の出版のために筆を進めていただいた先生方には，感謝の言葉もない。また，編集作業で中心的な役割を担われた山田一成先生には特別な感謝を申し上げたい。全体を俯瞰した緻密な計画のもと，関係者への気配りを欠かさず，この素晴らしい本を生み出す土壌を作り上げていただいた。「はじめに」にも記されているように，各章には学問的要請や社会的要請に真摯に応えようとする執筆者の研究姿勢が色濃く映し出されており，執筆された先生方の人生を垣間見るような気がする。読者は，目次を見ただけで何かわくわくするような感覚を覚えるのではないだろうか。

　あと何年かすると，社会心理学科が設置されたときに在職していた教員はすべて退職することになる。これまでの 20 年はいわば「土台作り」であり，この間，望ましい教育・研究のあり方や学会との関わり方について，さまざまな活動を遂行するなかで模索してきた。今後も新陳代謝を繰り返しながら，この土台の上に少しずつ成果が積み上げられていくことを願っている。

　最後になるが，研究者が自らの活動を実践するにあたって，出版社は強力

なパートナーである。今回，誠信書房編集部の中澤美穂氏と楠本龍一氏には大変お世話になった。記して感謝の意を表したい。

監修者　安藤清志・大島　尚

監修者紹介

安藤　清志（あんどう　きよし）
現　　職　東洋大学社会学部社会心理学科　教授
最終学歴　東京大学大学院人文科学研究科博士課程満期退学，文学博士
著訳書・論文　『影響力の武器 実践編［第 2 版］:「イエス！」を引き出す 60 の秘訣』（監
　　　　　　訳，誠信書房，2019 年），『社会心理学研究入門 補訂新版』（共編著，東
　　　　　　京大学出版会，2017 年），『自己と対人関係の社会心理学:「わたし」を巡
　　　　　　るこころと行動』（編著，北大路書房，2009 年），『臨床社会心理学』（共
　　　　　　編著，東京大学出版会，2007 年）など

大島　尚（おおしま　たかし）
現　　職　東洋大学社会学部社会心理学科　教授
最終学歴　東京大学大学院人文科学研究科博士課程中退
著訳書・論文　『現代人のこころのゆくえ: ヒューマン・インタラクションの諸相 3』（共
　　　　　　著，HIRC21，2013 年），『エコロジーをデザインする: エコ・フィロソフ
　　　　　　ィの挑戦』（分担執筆，春秋社，2013 年），*Achieving global sustainability:*
　　　　　　Policy recommendations（分担執筆，United Nations University Press，
　　　　　　2011 年），『はじめて出会う心理学 改訂版』（共著，有斐閣，2008 年）な
　　　　　　ど

編著者紹介

北村　英哉（きたむら　ひでや）
現　　　職　東洋大学社会学部社会心理学科　教授
最終学歴　東京大学大学院社会学研究科博士課程中退，博士（社会心理学）
著訳書・論文　「恨み忌避感尺度の作成と信頼性・妥当性の検討」（共著，心理学研究，**91**，54-62，2020 年），『偏見や差別はなぜ起こる』（共編著，ちとせプレス，2018 年），『社会心理学概論』（共編著，ナカニシヤ出版，2016 年），『心の中のブラインド・スポット』（共訳，北大路書房，2015 年）など

桐生　正幸（きりう　まさゆき）
現　　　職　東洋大学社会学部社会心理学科　教授
最終学歴　文教大学人間科学部人間科学科心理学専修退学，学位授与機構より「学士（文学）」，博士（学術）
著訳書・論文　『悪いヤツらは何を考えているのか：ゼロからわかる犯罪心理学入門』（SBクリエイティブ，2020 年），『司法・犯罪心理学入門：捜査場面を踏まえた理論と実務』（共編著，福村出版，2019 年），『高齢者の犯罪心理学』（分担執筆，誠信書房，2018 年），『テキスト 司法・犯罪心理学』（共編著，北大路書房，2017 年）など

山田　一成（やまだ　かずなり）
現　　　職　東洋大学社会学部社会心理学科　教授
最終学歴　東京大学大学院社会学研究科博士課程単位取得退学
著訳書・論文　『消費者心理学』（共編著，勁草書房，2018 年），『心理学研究法 補訂版』（分担執筆，有斐閣，2017 年），『心理学研究法 5 社会』（分担執筆，誠信書房，2012 年），『聞き方の技術』（日本経済新聞出版社，2010 年）など

執筆者紹介

北村　英哉（きたむら　ひでや）　【第 1 章】
編著者紹介参照

今井　芳昭（いまい　よしあき）　【第 2 章】
現　　　職　慶應義塾大学文学部人間科学専攻　教授，博士（社会学）
最終学歴　東京大学大学院社会学研究科博士課程単位取得退学
著訳書・論文　『影響力の解剖：パワーの心理学』（福村出版，2020 年），「民事執行における対処方法の社会心理学的検討」（新民事執行実務，**17**，26-40，2019年），『社会・集団・家族心理学』（分担執筆，遠見書房，2018 年），『説得力：社会心理学からのアプローチ』（新世社，2018 年）など

堀毛　一也（ほりけ　かずや）　【第 3 章】
現　　　職　東洋大学大学院社会学研究科社会心理学専攻　客員教授，岩手大学　名誉教授
最終学歴　東北大学大学院文学研究科（心理学専攻）博士課程中退
著訳書・論文　『ポジティブなこころの科学：人と社会のよりよい関わりをめざして』（サイエンス社，2019 年），『社会心理学』（共著，培風館，2017 年），『新・社会心理学：心と社会をつなぐ知の統合』（分担執筆，北大路書房，2014年），『パーソナリティ心理学：人間科学，自然科学，社会科学のクロスロード』（共著，有斐閣アルマ，2009 年）など

戸梶　亜紀彦（とかじ　あきひこ）　【第 4 章】
現　　　職　東洋大学社会学部社会心理学科　教授
最終学歴　同志社大学大学院文学研究科心理学専攻博士課程満期退学
著訳書・論文　Kama muta: Conceptualizing and measuring the experience often labelled being moved across 19 nations and 15 languages. (共著, *Emotion*, **19**, 402-424, 2019 年), Research for determinant factors and features of emotional responses of "kandoh" (the state of being emotionally moved). (共著, Japanese *Psychological Research*, **45**, 235-249, 2003 年)「『感動』喚起のメカニズムについて」（認知科学，**8**，360-368，2001 年），A study on the relationship between experimental conflict and degree of conflict in individuals. (共著, *Japanese Psychological Research*, **35**, 140-147, 1993年) など

片山　美由紀（かたやま　みゆき）　【第 5 章】
現　　　職　東洋大学社会学部社会心理学科　教授
最終学歴　東京都立大学大学院人文科学研究科単位取得退学
著訳書・論文　Basic values, ideological self-placement, and voting: A cross-cultural study（共著，*Cross-Cultural Research*，**51**，2017 年），『現代人のこころ

のゆくえ：ヒューマン・インタラクションの諸相5』（分担執筆，HIRC21，2017年），『観光学全集第4巻　観光行動論』（分担執筆，原書房，2013年），『心理測定尺度集2　人間と社会のつながりをとらえる"対人関係・価値観"』（分担執筆，サイエンス社，2001年）など

尾崎　由佳（おざき　ゆか）　【第6章】
現　　　職　東洋大学社会学部社会心理学科　准教授
最終学歴　東京大学大学院人文社会系研究科博士課程単位取得退学，博士（社会心理学）
著訳書・論文　『社会的認知研究の現状とその位置づけ』（分担執筆，ナカニシヤ出版，2020年），Counteractive control over temptations: Promoting resistance through enhanced perception of conflict and goal value（共著，*Self and Identity*，**16**，439-459，2017年），『社会心理学概論』（分担執筆，ナカニシヤ出版，2016年），『社会心理学・過去から未来へ』（分担執筆，北大路書房，2015年）など

山田　一成（やまだ　かずなり）　【第7章】
編著者紹介参照

桐生　正幸（きりう　まさゆき）　【第8章】
編著者紹介参照

田中　淳（たなか　あつし）　【第9章】
現　　　職　東京大学大学院情報学環　特任教授
最終学歴　東京大学大学院社会学研究科修士課程修了
著訳書・論文　『21世紀社会とは何か：「現代社会学」入門』（分担執筆，恒星社厚生閣，2014年），『東日本大震災の科学』（分担執筆，東京大学出版会，2012年），『災害情報論入門』（共編著，弘文堂，2008年），『集合行動の社会心理学』（共著，北樹出版，2003年）など

松田　英子（まつだ　えいこ）　【第10章】
現　　　職　東洋大学社会学部社会心理学科　教授，公認心理師・臨床心理士
最終学歴　お茶の水女子大学大学院人間文化研究科単位取得退学，博士（人文科学）
著訳書・論文　『眠る：心と体の健康を守る仕組み』（二弊社，2017年），『パーソナリティ心理学：自己の探究と人間性の理解』（共著，培風館，2016年），『夢と睡眠の心理学：認知行動療法からのアプローチ』（風間書房，2010年），『夢想起メカニズムと臨床的応用』（風間書房，2006年）など

心理学から見た社会——実証 研 究 の可能性と課題

2020 年 9 月 10 日　第 1 刷発行

監 修 者	安	藤	清	志
	大	島		尚
編 著 者	北	村	英	哉
	桐	生	正	幸
	山	田	一	成
発 行 者	柴	田	敏	樹
印 刷 者	日	岐	浩	和

発行所　株式会社　誠 信 書 房
〒112-0012 東京都文京区大塚 3-20-6
電話 03 (3946) 5666
http://www.seishinshobo.co.jp/

印刷/中央印刷　製本/協栄製本　　落丁・乱丁本はお取り替えいたします
©Kiyoshi Ando, Takashi Ohshima et al., 2020　　　　Printed in Japan
ISBN978-4-414-30018-5 C3011

心理学叢書

日本心理学会が贈る、面白くてためになる心理学書シリーズ

◉各巻 A5判並製　◉随時刊行予定

アニメーションの心理学
横田正夫 編

アニメーションの作り手たちが生み出してきた、動きやストーリーを魅力的にするための技の秘密に、心理学者と制作者の視点から迫る。

定価(本体2400円+税)　ISBN978-4-414-31123-5

思いやりはどこから来るの？
──利他性の心理と行動
髙木修・竹村和久 編

定価(本体2000円+税)

なつかしさの心理学
──思い出と感情
楠見孝 編

定価(本体1700円+税)

無縁社会のゆくえ
──人々の絆はなぜなくなるの？
髙木修・竹村和久 編

定価(本体2000円+税)

本当のかしこさとは何か
──感情知性(EI)を育む心理学
箱田裕司・遠藤利彦 編

定価(本体2000円+税)

高校生のための心理学講座
──こころの不思議を解き明かそう
内田伸子・板倉昭二 編

定価(本体1800円+税)

地域と職場で支える被災地支援
──心理学にできること
安藤清志・松井豊 編

定価(本体1700円+税)

震災後の親子を支える
──家族の心を守るために
安藤清志・松井豊 編

定価(本体1700円+税)

超高齢社会を生きる
──老いに寄り添う心理学
長田久雄・箱田裕司 編

定価(本体1900円+税)

心理学の神話をめぐって
──信じる心と見抜く心
邑本俊亮・池田まさみ 編

定価(本体1800円+税)

病気のひとのこころ
──医療のなかでの心理学
松井三枝・井村修 編

定価(本体2000円+税)

心理学って何だろうか？
──四千人の調査から見える期待と現実
楠見孝 編

定価(本体2000円+税)

紛争と和解を考える
──集団の心理と行動
大渕憲一 編

定価(本体2400円+税)